坂本哲彦
［編著］

教科書教材でつくる 道徳科授業のユニバーサルデザイン

東洋館出版社

まえがき

　平成26年に,『道徳授業のユニバーサルデザイン』を出版しました。その中で,全ての子供が楽しく「考える・わかる」道徳授業にするための四つの要件,「焦点化」,「視覚化」,「共有化」,「身体表現化」を提案しています。

　その翌年に,小学校学習指導要領が一部改訂され,小学校では,平成30年度から,教科書を使い評価も行う「特別の教科　道徳」が全面実施されました。実施に当たって,「小学校学習指導要領解説　特別の教科　道徳編」には,「発達障害等のある児童や海外から帰国した児童,日本語習得に困難のある児童等に対する配慮」として,学習の過程で考えられる「困難さの状態」のしっかりとした把握と必要な配慮をする旨の記述がなされました。まさに,授業のユニバーサルデザイン化に向かう取組です。

　そこで,この期を捉え,本書では,教科書に多く掲載されている教材を選び,「ユニバーサルデザイン化の基本的な考え方」を踏まえた実践を「36授業」掲載しました。

　教材活用のポイント,学習内容の焦点化や学習方法の視覚化,指導案や板書,そして何よりも,授業の中で「評価に生かすことができる子供の姿」について,各授業に応じて提案しています。さらに,4要件に加え,授業づくりの新たな観点として提起している「分けて比べる」事柄を設定して授業を実践しました。

　これらのことから,本書の内容は,「考え,議論する道徳」,及び「主体的・対話的で深い学び」を実現する上で,非常に効果的だと捉えています。そのため,いつもの道徳科授業はもとより,保護者参観の授業や研究授業などでも活用できると考えます。

　どうぞ,必要な,また興味のある授業から目を通し,自らの実践に生かしてください。また,読者の方々が活用される他の教材においても,本書の授業づくりのポイントを援用いただき,よりよい授業をつくっていただきたいと考えています。

　本書の刊行に際して,日本授業UD学会　桂聖理事長（筑波大学附属小学校）をはじめ各理事の方々,いつもご指導いただく文部科学省初等中等教育局教育課程課教科調査官　浅見哲也先生,本書を共につくり上げてくださった各執筆者の皆様に,厚く御礼申し上げます。

　また,道徳科授業のUDに関わる新たな出版の機会をいただくとともに,その時々で,適切なご示唆をくださった東洋館出版社の大場亨さんに,この場を借りて深く感謝申し上げます。

　最後に,本書によるUD道徳の考え方や実践が,全ての子供のよりよく生きるための基盤となる道徳性を一層伸長し,生き生きとした学びや成長に資することを切に願っています。

平成31年2月

編著者　坂本　哲彦

もくじ

教科書教材でつくる道徳科授業のユニバーサルデザイン

まえがき ……… 001

第Ⅰ章
道徳科授業とユニバーサルデザイン

1　道徳科の授業づくり ……… 006
2　道徳科授業のユニバーサルデザイン ……… 008
3　焦点化 ……… 011
4　視覚化 ……… 013
5　共有化 ……… 016
6　身体表現化 ……… 017
7　分けて比べる ……… 018
8　学びの困難さに対応する ……… 020

第Ⅱ章
ユニバーサルデザインの道徳科授業 36

1年

- かぼちゃのつる　Ⓐ 節度,節制 ……… 024
- おふろばそうじ　Ⓐ 希望と勇気,努力と強い意志 ……… 028

- はしの上のおおかみ　**B** 親切，思いやり ……………… 032
- 二わのことり　**B** 友情，信頼 ……………… 036
- ハムスターの赤ちゃん　**C** 生命の尊さ ……………… 040
- 七つのほし（ななつぼし，ひしゃくぼし）　**D** 感動，畏敬の念 ………… 044

2年

- お月さまとコロ　**A** 正直，誠実 ……………… 048
- ぐみの木と小鳥　**B** 親切，思いやり ……………… 052
- およげないりすさん　**B** 友情，信頼 ……………… 056
- 黄色いベンチ　**C** 規則の尊重 ……………… 060
- きつねとぶどう　**C** 家族愛，家庭生活の充実 ……………… 064
- 虫が大好き―アンリ・ファーブル―　**D** 自然愛護 ……………… 068

3年

- ぬれた本（ぬれてしまった本，びしょぬれの本）　**A** 正直，誠実 ……… 072
- まどガラスと魚　**A** 正直，誠実 ……………… 076
- 金色の魚（黄金の魚）　**A** 節度，節制 ……………… 080
- 貝がら　**B** 友情，信頼 ……………… 084
- ふろしき　**C** 伝統と文化の尊重，国や郷土を愛する態度 ……………… 088
- 百羽のツル　**D** 感動，畏敬の念 ……………… 092

4年

- 目覚まし時計　**A** 節度，節制 ……………… 096
- 心と心のあく手　**B** 親切，思いやり ……………… 100
- 絵はがきと切手　**B** 友情，信頼 ……………… 104
- 雨のバスていりゅう所で　**C** 規則の尊重 ……………… 108
- ブラッドレーのせいきゅう書（お母さんのせいきゅう書）
  　　　　　　　　　　　　C 家族愛，家庭生活の充実 ……………… 112
- 花さき山　**D** 感動，畏敬の念 ……………… 116

5年

- うばわれた自由　**A** 善悪の判断，自律，自由と責任 …………… 120
- 流行おくれ　**A** 節度，節制 …………… 124
- くずれ落ちただんボール箱　**B** 親切，思いやり …………… 128
- すれちがい　**B** 相互理解，寛容 …………… 132
- ブータンに日本の農業を　**C** 国際理解，国際親善 …………… 136
- 一ふみ十年　**D** 自然愛護 …………… 140

6年

- 手品師　**A** 正直，誠実 …………… 144
- ロレンゾの友達　**B** 友情，信頼 …………… 148
- 銀のしょく台　**B** 相互理解，寛容 …………… 152
- ブランコ乗りとピエロ　**B** 相互理解，寛容 …………… 156
- 六千人の命を救った決断（六千人のビザ，杉原千畝）
  　　　　　　　　　　C 公正，公平，社会正義 …………… 160
- 青の洞門　**D** 感動，畏敬の念 …………… 164

第Ⅰ章

道徳科授業と
ユニバーサル
デザイン

教科書教材でつくる道徳科授業のユニバーサルデザイン

1 道徳科の授業づくり

1 道徳科の目標

　まず，学習指導要領における道徳科の目標を正しく理解することが重要です。

　道徳科の目標は，「第１章総則第１の２の(2)に示す道徳教育の目標に基づき，よりよく生きるための基盤となる道徳性を養うため，道徳的諸価値についての理解を基に，自己を見つめ，物事を多面的・多角的に考え，自己の生き方についての考えを深める学習を通して，道徳的な判断力，心情，実践意欲と態度を育てる」です。

　この理解を深めるために，目標を下のように改行して，番号を付け，書き換えました。

　目標は，サンドイッチのような**３部構成**になっています。目標を一言で言うと「**道徳性を養う**」ことです。この目標は，学校の教育活動全体を通じて行う**道徳教育の目標**と同じです。今回の改訂から同じにされました。

　では，道徳科授業そのものの目標は何かと言うと，下にある「**道徳的な判断力，心情，実践意欲と態度を育てる**」ことです。上が「総括的な目標，成長・方向目標」とも言えるものなのに対して，下が，「具体的な目標，授業実践の目標」と言えます。

　では，サンドイッチの中味に当たる，四角く囲んでいる部分はどう考えたらよいでしょうか。

　これらは，**道徳科授業の特質**であり，**学習活動を支える要素**などと言います。**道徳科で保障すべき子供の思考**でもあります。どんな道徳科授業においても，その濃淡はあるとしても，(1)〜(4)が入っていることが求められます。例えば，**道徳的諸価値の理解だけの授業では十分とは言えない**のです。なぜなら，理解だけなら教師から一方的に話して聞かせることでも達成が可能だからです。子供自らが，自己を見つめ，物事を多面的・多角的に考えることを通して，道徳的価値の理解を深めるようにする必要があるのです。

小学校の道徳科の目標

よりよく生きるための基盤となる道徳性を養うため，

(1) 道徳的諸価値についての理解を基に，
(2) 自己を見つめ，
(3) 物事を多面的・多角的に考え，
(4) 自己の生き方についての考えを深める

学習を通して，

　　　　　　　　　道徳的な判断力，心情，実践意欲と態度を育てる。

※四角囲み，(1)(2)(3)(4)……筆者による。

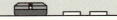

このように考えるなら，(1)〜(4)は，概ね二つの役割に分けることができます。(2)(3)が，どちらかというと**手段的，方法的な特質**です。(1)と(4)が**目的的，内容的な特質**です。

すなわち，「(2)自己を見つめながら，また，(3)物事を多面的・多角的に考えることを通して，(1)道徳的諸価値の理解を基に，(4)自己の生き方についての考えを深める」学習を行うことで，「道徳的な判断力，心情，実践意欲と態度を育てる」のです。

また，「(1)道徳的諸価値の理解を基に」については，その後に続く，(2)(3)(4)すべてに係ることから，(2)の自己を見つめる上でも，(3)の物事を多面的・多角的に考える上でも，そして，(4)の自己の生き方についての考えを深める上でも，(1)の理解を基に行われるのです。道徳科の学びなのですから，当たり前ではありますが，そこが欠けた授業であってはなりません。

そして，**(1)(4)の目的的な学習は，(2)(3)が相互に往還しながら，充実していく**ことになり，その結果として，道徳的な判断力，心情，実践意欲と態度が育つのです。

2 道徳科における教科書

この書籍では，すべての教科書を調べ，できるだけ多く掲載されている教材を選んで掲載しています。教科書及び掲載教材にはどのような特徴があるのでしょうか。

平成27年9月30日改正，平成28年4月1日から施行された「義務教育諸学校教科用図書検定基準の一部改正」には，次の点が定められています。それは，学習指導要領の「内容の取扱い」に示されている題材（**生命の尊重，社会参画（中学校），自然，伝統と文化，先人の伝記，スポーツ，情報化への対応等現代的な課題）は全て教材として取り上げる**ことです。同様に，「内容の取扱い」に示されている**「言語活動」，「問題解決的な学習」，「道徳的行為に関する体験的な学習」について教科書上で適切な配慮**がなされることです。

また，図書（各教材）の記述と，**道徳科の内容項目との関連を明示**し，かつその関係は学習指導要領に照らして適切であることが求められています。教科書ですから，子供自らが自学自習できることが必要です。そのため，各教材文が，どの内容項目に対応しているのかが分かるように，教科書のどこかに書かれていることが不可欠とされています。当然，それは，教師にも分かりますから，教科書の活用が一層促進されます。

さらに，当該学年の全ての内容項目（**1，2年生：19項目／3，4年生：20項目／5，6年生：22項目**）が取り上げられています。年間35時間指導するのですから，同じ内容項目を複数回指導するよう教材を配列しています。また，同じ内容項目を扱っている教材のように見えても，二つあるいはそれ以上の教材が，**一つの内容項目の内容を分担**している場合があります。「B 友情，信頼」の5，6年生の内容項目は「友達と互いに信頼し，学び合って友情を深め，異性についても理解しながら，人間関係を築いていくこと」とあります。例えば，「異性についても理解しながら」の部分が**一つの教材で扱えない場合は，別の教材でその内容を扱っている場合**があります。仮に教材を差し替えるなら，そのことも考慮した上で，**指導漏れ，未履修にならないよう十分な注意**をすることが必要です。

2 道徳科授業のユニバーサルデザイン

1 基本的な考え方

　授業のユニバーサルデザイン（授業UD）研究は，現在，一般社団法人日本授業UD学会が中心となって推進しています。2009年に発足した同研究会が発展したものです。

> 授業UDとは「特別な支援が必要な子を含めて，通常学級の全員の子が，楽しく学び合い『わかる・できる』ことを目指す授業デザイン」です。
> 　　　　　　　　　　　　（『授業UD研究』プレ号 No.00　P.2　桂聖　2016年　日本授業UD学会）

　配慮が必要な気になる子供Aさんに対する授業全体の工夫や個別の配慮は，その他のBさんやCさんにも楽しく「わかる・できる」授業にする上で有効だという考え方です。
　このような考えに基づき，それぞれの教科の特性等により，主張点や取組内容には多少の違いがありますが，子供を第一に考えた授業のユニバーサルデザイン化の実践研究がされています。
　また，明星大学の小貫悟氏が2012年に提案した「授業のUD化モデル」により，授業づくりの全体像や具体的な視点が示され，一層の取組が進んでいます。

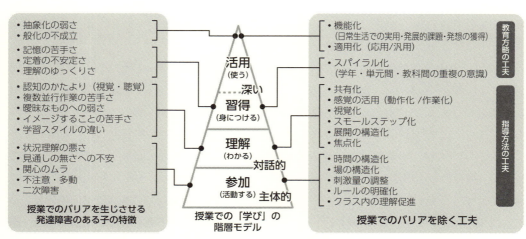

『授業のユニバーサルデザイン』Vol.11（P.67　小貫悟　日本授業UD学会編著　2018年　東洋館出版社）

❷ 道徳科授業のユニバーサルデザイン

これまで私が道徳の授業で課題だと感じていた最も大きなものが「教師が何を学ばせたいのか，また，子供が何を学んだかが非常に曖昧な授業が少なくなかった」ことです。

読み物教材の登場人物の気持ちを尋ねる発問が多いのが道徳授業での特徴でした。しかし，例えば，気持ちを考えることがねらいにどうつながるのかはあまり明確ではありませんでした。

そのため，**道徳科授業に，ねらいを具体化する学習内容を設定することが解決方法の一つ**だと考えました。同様に，発表された気持ちをその後どう深めたり関連付けたりするのか，その後の学習の深まりが少ないことも原因だと考えられます。さらに，登場人物の気持ちを考えることが苦手な子供などの「**学びの困難さに対する適切な支援**」が必要なことも課題と言えます。

これらの課題を克服するために，道徳科授業をユニバーサルデザイン化する必要に迫られました。

道徳科授業のユニバーサルデザインの定義は，次のとおりです。

> 学力の優劣や道徳的な見方・考え方の違い，発達障害の有無などにかかわらず，すべての子供が，楽しく「考える・わかる」ように工夫・配慮された通常学級における道徳科授業のデザイン

この考え方のもと，道徳科授業に**「すべての子供」が参加，活動できるような授業の「ねらい」や「学習内容」，「学習活動」など授業全体をデザイン**していきます。

道徳科の目標である「よりよく生きるための基盤となる道徳性を養うため，道徳的諸価値についての理解を基に，自己を見つめ，物事を多面的・多角的に考え，自己の生き方についての考えを深める学習を通して，道徳的な判断力，心情，実践意欲と態度を育てる」を踏まえて，「**考え，議論する道徳科**」にすることや「**主体的・対話的で深い学び**」を同時に実現していきます。

定義にある「考える・わかる」の「考える」とは，「考え，議論する」ことであり，目標表現で言えば，「物事を多面的・多角的に考える」，「自己を見つめ」ながら考えること等を指します。

また，「わかる」については，「道徳的諸価値についての理解」であるし，「自己の生き方についての考え」の納得などを指します。

先ほどの「授業のUDモデル」で言うならば，三角形の下二つである**「参加（活動する）」と「理解（わかる）」の部分を対象**にしています。その上の「習得（身につける）」や「活用（使う）」は，学校の教育活動全体を通じて行う「道徳教育」の領域になります。

なお，道徳科は道徳教育の要としての位置付けですから，「習得」，「活用」を踏まえて，さらに「理解」が進むスパイラルな関係と言うことができます。

3 4要件と1観点

　道徳科授業をUD化するための要件四つと，一つの観点を掲げることで，授業づくりを容易にしていきます。4要件とは，「**焦点化**」，「**視覚化**」，「**共有化**」，「**身体表現化**」です。
　1観点とは，「**分けて比べる**」ということです。これは，4要件を一層実効化します。

| **焦点化** | 授業のねらい，学習内容，発問，学習活動，評価を一層具体的にすること |

　これまでの道徳授業では，授業のねらいと授業中の発問や学習活動との関連がよく分からなかったという課題がありました。それらを少しでも具体的にするために，発問を精選したり，学習内容や学習活動を工夫したり，また，評価の視点を明らかにしたりすることが焦点化です。

| **視覚化** | 視覚的情報を効果的に活用し，興味・関心，理解，思考，話合いなどの「活性化」，「見える化」を図ること |

　道徳授業で扱う事柄は，行動の動機やものの考え方，自らの生き方など，目に見えづらいものが多い特徴があります。加えて，子供の発表は音声言語だけの場合が多く，すぐには理解しにくいものです。これを視覚に訴え，「見える化」すれば，一層授業が分かりやすくなります。

| **共有化** | 子供がそれぞれの考えや自己の振り返りなどを交流し合い，互いに尊重し合ったり，一層前向きな気持ちを高め合ったりすること |

　話合いの場面で互いの考えを一層理解し合ったり，道徳授業の特徴である「自己の振り返り」，「自己の生き方についての考え」を認め合ったりすることができれば，さらに一人一人の子供の道徳性が高まると考えます。

| **身体表現化** | 子供が模擬・模倣的，創造的な動作や演技から，新たな気付きを得たり，考えを共有したり，何かができそうな感覚をもったりすること |

　学習指導要領では，「道徳的行為の体験的な学習」として提起されている動作化や役割演技，日常の道徳的行為などを一層授業に取り入れることにより，実感を伴う学習にします。前の3要件がほぼ全ての授業における要件であるのに対して，これは，ねらいに応じて配慮します。

| **分けて比べる** | それぞれの要件を授業に生かし，効果的なものにするための，教師及び子供の思考の方法 |

　分けて比べることにより，判断の基準や他者の考え，自分の考えや生き方との共通点や相違点が分かり，多面的・多角的な思考や自分自身との関わり，価値理解が明確で深くなります。

3 焦点化

授業のねらい，学習内容，発問，学習活動，評価を一層具体的にする

1 ねらい，学習内容

　ねらいの焦点化には，二つのポイントがあります。一つは，**内容項目**のどの部分を扱うのかということ，もう一つは，**道徳性の諸様相**と言われる「道徳的判断力」，「道徳的心情」，「道徳的実践意欲と態度」のどれを中心にねらうのかということです。

　「A　主として自分自身に関すること」にある「節度，節制」を例に取りましょう。これには多くの事柄（道徳的価値）が含まれています。1，2年生の場合「健康や安全に気を付け，物や金銭を大切にし，身の回りを整え，わがままをしないで，規則正しい生活をすること」とあります。教材の特徴に応じて，「物や金銭」が扱われない場合もありますから，予め，内容項目との関連で，ねらいを焦点化する必要に迫られます。

　また，選択とその理由の検討など善悪の判断が中心の授業の場合は，「道徳的判断力」を高める授業になりますし，人物の心情を考えることで，善を行うことを喜び悪を憎む感情を育む授業なら，「道徳的心情」を深める授業になります。さらに，価値ある行動を取ろうとする考えを深める授業なら，「道徳的実践意欲と態度」を培う授業になるでしょう。**道徳性の諸様相と授業の子供の姿が概ね重なるようなねらいを設定**することが焦点化の第一歩です。

　ねらいは，抽象的な表現となるため，授業の発問や学習活動を決めるためには，ねらいを一層具体的にした「学習内容」を設定することが有効です。**学習内容は，各教科における「指導事項」とは少し違い，子供が自ら考えること，あるいは，納得するであろうことを予め授業前に教師が想定しておくもの**です。文字どおり子供が「学習する内容」と考えてよいでしょう。学習内容をある程度明確にすることで，それを引き出すための発問や学習活動を一層具体的に設定することができるのです。

2 発問，学習活動

　ねらいと学習内容が明確になったら，効果的な発問を考えることができます。

　発問は，大きく分けて4種類あります。

(1) 内側発問

　教材の人物や友達の「内側に入ったつもりで考える発問」です。「○○さんは，どんな気持ちでしょうか」や「どのような理由からそんなことをしたのでしょうか」のように教材の登場人物の心情や行為の動機を考えさせるための発問です。共感的な理解が促されます。

(2) 外側発問

　教材の人物や友達の「外側に立ってそのよさや是非などを考える発問」です。人物を対象化して,「あなたなら……」と発問する場合もあるでしょう。「〇〇さんのしたことは, よいでしょうか, 悪いでしょうか」,「どうすればよかったでしょうか」など, 行為や考え方の善悪, 好悪, 実現可能性などを評価することも外側発問です。また, 出された意見の相違点や共通点を考える発問もあります。ねらいや学習内容につながる場合に必要となります。

(3) 価値発問

　主題発問とも呼んでいます。「本当の親切とはどんなことだろうか」などに代表される発問で, 内側発問や外側発問に引き続き, 教材での学習から離れて行うことが多い発問です。その子供なりの価値の再解釈, 再構成とも言えます。そのため, 単に知的, 論理的な解釈ではなく, 具体的な経験や生活場面とつなげて考えられるようにすることが大切です。

(4) 振り返り発問

　自己の生き方についての考えを深める活動の際に行われることの多い発問です。「学んだことを基に, これまでの自分はどうだっただろうか」や「これからどのように生きていきたいか」などに代表される発問です。目標表現にある「自己を見つめ」ることや「自己の生き方についての考えを深める」ことにつなげるようにすることが大切です。

3 評価

　道徳科の特徴の一つに**子供に対する教師による評価**があります。評価の視点は二つです。

(1) 道徳的価値やそれらに関わる諸事象について一面的な見方から**多面的・多角的な見方へ**と発展しているか。

　　友達の考えを一層視覚化, 共有化することで, 多面的に考えることができるようにするとともに, 外側発問や価値発問などにより, 物事の多角的な見方に気付かせることが重要です。

(2) 道徳的価値の理解を**自分自身との関わり**の中で深めているか。

　　道徳科は, 道徳的諸価値の理解や, 自己の生き方についての考えを深めることが重要です。その際, 道徳的価値の理解が他人事であっては自己の生き方が深まることはありません。

　　したがって, 自己の生き方についての考えを深める際, 道徳的価値の理解を自分自身との関わりで捉えることが欠かせません。

　(1) 及び (2) は, 子供の学習活動, 及びそこでの子供の思考に着目して行います。道徳的価値が理解できたかや道徳性の三つの諸様相（道徳的判断力, 心情, 実践意欲と態度）が育ったかを分析的に捉える観点別評価を行うことをしません。結果ではなく, 一人一人が自らの考えを深める際の**学習活動, 思考の過程, 思考の方法を評価する**のが道徳科の評価だということです。ただし, 教師による授業評価はあくまでも授業のねらいに対応して行います。

4 視覚化

視覚的情報を活用し，興味・関心，理解，思考などの「活性化」,「見える化」を図る

　視覚化した各情報は，後の実践事例に多く掲載されるため，ここでは，その意図や効果を4種類に分けて説明します。視覚化そのものが目的ではなく，興味・関心を高めたり，理解や思考を促したりするなど，その**ねらいに応じた視覚化**が重要です。

❶ 教材提示の視覚化

　教科書を使用しているため，例えば，漢字や難語句については，当該学年に照らして，予め振り仮名や意味の説明がされています。また，必要な挿絵はすでに描かれています。しかし，それらを踏まえてもなお内容の理解に困難さがある子供に対応するため，次のような視覚化が効果的です。このことは，黒板上で教材内容，粗筋等を構成する際の留意点とも言えます。

　一つは，時系列に応じて**順接的**に場面絵や短冊（鍵になる言葉や時間の経過が分かる言葉の書かれた紙等）を添付して，粗筋や人物，場面，道徳的な問題を理解しやすくすることです。

　もう一つは，場面や行為に応じて**対比的**に場面絵や短冊等を添付して，その後に着目する事柄，道徳的問題を際立たせることです。

　一般に，前者は，**継次処理**（順々に，あるいは一つ一つ理解する）的な提示（板書）で，後者は，**同時処理**（関連付けながら，あるいは比較しながら理解する）的な提示（板書）とも考えられます。「分けて比べる」の考え方は，後者に近いです。

　また，教材の特徴や学年段階，学習の展開に応じて工夫します。順接型はどちらかと言えば低学年向きで，時間経過に沿って展開している教材に効果的です。対比型はどちらかと言えば高学年向きで，非連続型の教材や問題解決的な学習展開を行う場合にも効果を発揮します。

　教科書教材であっても，あえて，教科書を開かせず，別のプリント配布や読み聞かせなどで行う場合は，教材に予め手を加えておく（教材へのしかけ）ことができます。例えば，ある部分を**強調（ハイライト化）** したり，全体を二，三**分割提示**したり，必要なところだけを**抽出**したりするなどです。また，考えさせたいところを予め隠して括弧書き（**ブラインド化**）したり，**違う場面を付加または置き換え**たりするなどもあります。予め誤った情報（**ダウト**）を入れることもありますが，その際は「この中には誤った事柄があるので，それを考えましょう」などと先に伝えておくことが必須です。初めの認知を修正することは誰にとっても難しいし，特に困難な子供もいるからです。教材への興味・関心を高め，内容理解を促すことが目的のため，いたずらに理解を難しくすることは避けなければなりません。

　なお，**ICT機器を活用**し，必要な情報を映し出しながら提示することも多くなりました。

2 思考の視覚化

　子供自身が考えていることを**言語以外の方法**（文字言語，音声言語以外の方法）を使って表現及び確認できるようにするための手立てです。同時に，それは，他の人が容易に理解できるようにする方法でもあります。後述の事例のとおり様々な方法があります。

　最も分かりやすいのが，**数値化・段階化**です。10点満点中の何点か，5段階の何番目かなどは，誰でも容易に選択できる上に，互いに違いが理解できます。授業の初めと終わりなど2回行えば，思考の変化も捉えられます。心情円盤などに代表される**割合による表示**も数値化の一種です。単に右か左か（○点，△番目など）が明確にできない思考に効果があります。

　色や表情絵など，さらに曖昧な思考を表現する方法も有効です。ただし，これらは多義的な解釈ができるため，逆に分かりにくくなることがあるので注意が必要です。

　また，立場を示し，互いに理解する方法として，**ネームカード**の添付はよく行われています。1本のスケール（例えば，右端が「とてもよい」，左端が「とても悪い」，中間が「よく分からない」など）の上に無段階（自由）に置く場合や，縦軸と横軸が交わっている二次元の任意の場所に添付するなどです。**心情曲線や矢印（ベクトル）**のように人物や自分の心情などの変化や向かう方向を継続的あるいは端的に表すことが効果を発揮することもあります。

　なお，思考していることを「視覚化，見える化」することは，他の人（教師や友達）に分かりやすくなることはもちろんですが，何よりも，思考している子供自身が自分の考えていることを捉えやすくすることにつながります。また，表現しようとすることで，思考が活性化することから，**思考を促すための視覚化**かどうかも重要な観点です。

　また，どのような視覚化を行ったにしても，それを選択した，あるいは，それを**考えた理由の明確化**が重要な場合が少なくありません。その理由が知的で論理的な場合もありますし，体験的，感覚的な場合もあるでしょう。評価の視点との関わりから捉えるなら，前者の知的，論理的な理由の場合は，「多面的・多角的な思考」につながりますし，後者の体験的，感覚的理由の場合は，「自分自身との関わり」につながります。

3 話合いの視覚化

　話し合う際にも視覚的な支援が欠かせません。**板書の工夫**とも言える場合があります。

　まずは，**出た意見を分類，整理すること**です。その際の**観点は様々**あります。最も多いのは，単に意見の違いで分類する場合ですが，それ以外にも，道徳的によい，あるいは不十分だとする意見で分類する場合，取り得る行動の違いで分類する場合，行動と心情の違いで分類する場合，目的と方法の違いで分類する場合，内容項目の違いで分類する場合，人物や場面の違いで分類する場合等です。いずれの場合も，**思考を視覚化することで話合いを活性化**できます。

　どの場合でも，それぞれの考えの種類や数，違いや共通点を明確にするため，番号や色を付けること（**ナンバリング**）や小見出しを付けること（**ラベリング**）が有効です。黒板の書き方

においても，大切なことを上や中央に書いたり，また，大きさや色で目立つように書いたり，それぞれの意見のつながりが分かるように書いたりするなど**構造的に整理すること**が求められます。ここで注意しなければならないのは，これらの学習の整理は，授業前に予め子供の中にあった考えが，黒板などにそのまま出されただけと考えられることです。したがって，これ以降，さらに話合いを深めることこそが重要です。

そのため，一般には，**教師から問い返し**を行います。**相違点や共通点，理由を考える**ことを基本にして，例えば，「最も納得する考え」，「最もよいと思われる（あるいは好きな）考え」，「最も実現可能性が高い考え」，「これまで経験したことのある事柄」などを検討していきます。また，「相手（反対の立場）から考えたらどれが一番よいか」など立ち位置を変えて検討したり，他の場面やいつでも通用する考えなのかを検討したりするために，**検討の観点（仮定，一般化等）を明確に板書して示す**ことで話合いを深められるようにすることが効果的です。

❹ 学んだ内容や方法の視覚化

学んだ内容や方法をまとめたり，振り返ったりする上でも，視覚化は大切な支援です。

まずは，学んだ内容（自分なりの納得解，暫定解，最適解など）をまとめる場合の視覚化です。自由に作文することは誰にも難しいものです。そこで，「分かったことを1文で書く。分かったことは○○で書き始める」など，**文の数，書き始めの指定**が効果的です。2文にして，「最も心に残ったこととその理由の2文で書く。『心に残ったことは〜』，『その理由は〜』で書き始める」などもよいでしょう。また，書く場合には，単なる四角囲みのスペースではなく，**行やマス目**を入れて，**書く分量が分かる**ようにすると見通しが得られて書きやすくなります。

次に，学び方を振り返る場合の視覚化です。学び方の振り返りの視点は，一般に評価の視点と同じにすることが有効です。すなわち，「**多面的・多角的に考えることができたか**」そして，「**自分自身との関わりで考えることができたか**」の2視点です。

もちろん，それぞれの尋ね方は学年によって，様々でしょう。前者なら「友達の意見をしっかり聞いて考えたか」や「反対の立場に立って考えたか」など，後者においても「自分ならどうするだろうかと考えたか」，「自分がこれまで経験したことを思い出しながら考えたか」など，その授業で行った学習活動に合わせて振り返りができるようにします。

それらを文章に書くのが難しい場合，例えば，**数値**で表現したり，**記号**（例えば♡マークの数や大小）を選択したりさせます。高学年なら，先の2視点に他の視点（例えば，「これからも考え続けたいか」，「家族と一緒に話し合ってみたいか」など，学校の研究や家庭との連携に関する視点等）を加えてスパイダー**グラフや表**にして振り返りをさせることも可能です。

いずれにしても，**短時間**にさっと振り返りができるようにすることが効果的です。

5
共有化
考えを交流し合い，互いに尊重したり，前向きな気持ちを高めたりすること

　全員参加の授業にする上では，全体での発表や話合い活動だけでは難しいことが少なくありません。全ての指導者が行っているペアや少人数での意見の交換や共有が効果的です。また，単に互いの考えを共有するだけではなく，共有することを通して，互いの意見を尊重したり，話合いや生き方への前向きな気持ちを高めたりすることができるとより効果的です。

❶ 考えの共有化

　友達に自分の考えを聞いてもらい，それに対して友達から意見をもらうこと，相手の考えを聞き，自分の考えに生かすことなどが，学習の基本です。

　それには，一人一人の学習への参加度（話す・聞く活動）を高めることが必要です。そのため，ペアやグループによる話合い，情報交換の機会を確保することが求められます。

　最も参加度が高いのは，ペアです。話す機会と聞く機会がほぼ同量あるからです。ポイントがいくつかあります。一つは，長い時間まとめて行うよりも短い時間を複数回行うほうが効果的だということです。話す順番や話し方，聞き方の指導（目を見て，うなずきながら……等）をすること，質問や意見等を促すことなど，少しずつ行い方を身に付けさせていきます。

　グループでは，異なる意見の数が増えるよさがありますが，同時に，聞く時間が多くなる難しさがあります。ペアもグループも自由に席を立って行う方法も効果があります。

❷ 振り返りの共有化

　道徳科の授業の特徴から言うならば，展開後半や終末で行う「自己の振り返り」（それまでに学んだ内容のまとめと自己の振り返り，及び学習方法の振り返り）を互いに共有，交流することも効果があります。

　道徳授業は，「個から始まり個に返る」ことが特徴であることから，「自己の振り返り」を他の友達に伝えることを重視しません。「不十分な自己の自覚」に関する事柄（自分の欠点や弱さを考えること等）は他人には聞かせたくないからです。

　それは当然のこととして，「今後の自分の夢や希望，やってみたいことなど」を明確にする振り返りの場合は，必ずしも，自分の欠点や弱さが述べられることはないので，積極的に友達に聞いてもらい，さらなる助言や励ましなどをもらうことによって一層よい活動になることが考えられます。聞いた側も，その考えを自分の考えに生かすことができるよさがあります。

6
身体表現化
動作や演技から，新たな気付きを得たり，何かができそうな感覚をもったりすること

❶ 動作化・役割演技

(1) 動作化

　教材の人物になり描かれた場面の状況で，その発言や動作を**模倣する活動**である動作化は，実際に演じてみることで「新たな気付きを得たり，人物の動機や心情をより深く理解したりする」こと，**「分かる」が目的**です。人物構成に合わせて複数で行うこともあります。叙述から外れないので，教師も子供も容易に取り組めます。全員参加という観点から言えば，一度に全員を立たせて，一斉に行うことが可能なため，短時間で必要な効果を上げられます。相手の立場を理解することが苦手な子供にとっては，**役割を交代して行う**ことが有効です。

(2) 役割演技

　叙述を踏まえながらも，書かれていない発言や行動を**創造する活動**です。動作化のように一斉に行うことは難しいのが特徴です。2，3組の子供を順に教室前面に出して演技させます。誰をどの人物，役柄にするのかを決めることが教師の重要な役割になります。それまでの学習において，どの子供がどの人物に寄り添って考えているかを見極めた上で，教師が役割，配役を決めます。

　見ている**友達は観客**となり，演じる人同様，人物の動機や心情，それらを踏まえて道徳的価値についての考えを深めます。その意味から言えば，役割演技は**「分かる」**だけではなく，**「伝える」機能**もあります。補助自我を担うなど，それを支援するのも教師の役割です。

❷ 日常の生活や行動の再現

　道徳科では，「行動のスキル」を養うことを目的としてはなりません。しかしながら，日常生活で行っている行動や動作を授業内で再現することで，その**道徳的行為の難しさやすがすがしさ，よさなどを実感的に感じ取る**ことは学習に有効です。そのことが，道徳的価値への関心を高め，授業のねらいや課題の達成に資することになるからです。

　したがって，再現活動は，授業の終わりに行うよりも導入や展開前半で行うことが多くなります。仮に展開後半や終末で行うなら，「行い方」を修正したり，習熟・伸長させたりするのではなく，あくまでもその行為のよさを実感的に味わい，その行為を行うことへの**前向きな気持ちを膨らませるために行う**ことが必要でしょう。

7

分けて比べる
4要件を生かした授業を一層効果的にする教師及び子供の「思考の方法」

実践事例で様々述べている「分けて比べる」ことの「基本の考え方」を紹介します。

1 場面を分けて比べる

繰り返し出てくる場面に目を付けた授業のつくり方です。少なくない教材で、よく似た二つ（またはそれ以上）の場面が登場します。「はしの上のおおかみ」や「ブラッドレーのせい求書」など、典型教材がすぐに思い浮かぶでしょう。一般には、描かれる二つの場面は、価値実現のよさと不十分さ、あるいは別のよさが描かれています。授業化のポイントは、二つです。

一つは、「似ているが違う」場面の似ているところ、違うところ、すなわち共通点や相違点を考える授業です。もう一つは、その変化の理由を考える授業です。どちらにおいても、人物の動機、心情、判断とその根拠などを際立たせます。そして、それが、その授業での道徳的価値実現のよさや別のよさ（価値理解）、反対に、実現の難しさ、人としての弱さ（人間理解）などの新たな学習につながります。明確には分けられない場合も多いですが、まず、教師が当該道徳的価値から二つの場面を対比することで、教材研究、授業づくりがスタートします。

2 人物を分けて比べる

登場する人物を分けて比べることも非常に有効な授業づくりになります。教材の初めと終わりで一人の人物が道徳的に成長するように描かれている教材もあれば、よい人物とそうでない人物が道徳的な立場を分担する描かれ方がされた教材もあります。また、「人物を分ける」という場合、よい人物とそうでない人物に加え、助言者に焦点を当てた授業づくりをすることも効果的です。例えば、「はしの上のおおかみ」ではくまが助言者です。しかし、くまは助言しているという自覚はありません。同様におおかみも直接助言されたという意識はありません。それに対して、「絵はがきと切手」は、お兄さんとお母さんがそれぞれの立場から、まさに助言しています。よい人物、そうとは言い切れない人物、助言者など、人物を対比して比べることが道徳的価値の理解、人間理解などを深める授業づくりに役立ちます。

また、人物を分けて比べるというときに、人物に自分を加えて考えることが効果的な場合があります。概ねほとんどの授業では、「自己（人間として）の生き方についての考えを深める」学習場面を設定します。その際の子供の思考は、まさに、教材の人物と自分を比べる思考です。後述の「ハムスターの赤ちゃん」などは、オーソドックスな事例です。

3 同一価値の内容を分けて比べる

一つの内容項目は、いくつかの部分に分けられます。その種類は、概ね4種類あります。

> ① **理解＋行動**（例：3,4年　D　生命の尊さを知り、生命あるものを大切にすること。）
> ② **心情＋行動**（例：3,4年　B　相手のことを思いやり、進んで親切にすること。）
> ③ **対象＋行動**（例：3,4年　A　自分でやろうと決めた目標に向かって、強い意志をもち、粘り強くやり抜くこと。）
> ④ **行動＋行動**（例：1,2年　A　健康や安全に気を付け、物や金銭を大切にし、身の回りを整え、わがままをしないで、規則正しい生活をすること。）

どの部分に焦点を当てて授業のねらいや内容、学習課題（めあて）等を設定するのか、また、子供の発言が、どの部分、立場から述べられているのかなどを、授業づくりの際に、また、授業中の瞬時の対応において、教師が適切に分けられる（判断できる）ようになることが重要です。それは、板書にも表れ、後の学習の深化にも関わります。

例えば、①のような内容項目の場合は、子供の発言が理解の側面からの発言なのか、行動面からの発言なのか、また、②のような内容項目の場合は、心情面からの発言なのか行動面からかなどを区別しながら捉え、板書することで、内項項目、あるいは道徳的価値の子供の理解、解釈が深まることでしょう。④の場合は、子供の発言が、内容項目のどの行為に関わることなのかを分類しながら板書できると、価値理解が多面的・多角的になります。

4 他の道徳的価値同士を分けて比べる

授業づくりのときから、**複数の内容項目を関連付ける**ことをねらいとした実践も見られます。また、それを意図しない場合でも、実際の授業において子供の発言が、他の内容項目からなされていることは少なくありません。

例えば、「よわむし太郎が殿様の前に立ちはだかったのは、どのような理由からだろうか」と動機を考える発問をすれば、必ずしも「A　善悪の判断、自律、自由と責任（正しいと思ったことは、自信をもって行うこと。）」の観点からの思考だけにはなりません。①子供を思いやる発言、②子供を助けたいという発言、③鳥を大切にしたいという発言などです。それらを根拠にして、「正しいと思う」のですから、この場合の「善悪の判断」は「①思いやり、親切」や「②友情、信頼」、「③自然愛護」など**他の内容項目が支えている**と解釈できます。ならば、板書においても関連や構造が分かるように整理しますし、子供の発言への教師の返し方も内容項目を意識した発言をし、**多面的・多角的な思考**が深まるような授業にできます。

8
学びの困難さに対応する
学習活動を行う場合に生じる困難の状態に応じた具体的手立てを工夫する

　ここでは，UD研究におけるこれまでの知見や「小学校学習指導要領解説　特別の教科　道徳編」他（平成29年7月），「『特別の教科　道徳』の指導方法・評価等について（報告）」（道徳教育に係る評価等の在り方に関する専門家会議，平成28年7月22日）などを参考にして，さらに必要となる「個別の配慮」，及び個を意識しながらの「全体の配慮」について考えます。

❶ 「読む・書く」など学習上の困難さ

　道徳科の場合は，概ね文字言語で表現された教材を用いるため，文章の読みそのものや言葉の理解・解釈に困難さがある場合，個別の配慮が必要となります。教材は教師が読み聞かせることが必要です。さらに，それを補助するために，読んでいる**文を子供自身が指などで押さえる**ようにして聞くよう促したり，教師が**途中で区切って展開を振り返り整理する**ようにしたり，**場面絵とキーワードを板書する**ようにしたりするなどで，内容理解を確かにします。

　読んでいる部分だけが見える自助具（スリット等）を活用させたり，教師の読みに合わせて振り仮名を書かせたりすることも効果があります。また，分かりにくい**熟語や情景描写の意味を全体に説明する**なども教師から進んで行います。また，同じ時間をかけるなら，全体を読んだ後よく行われる「教師から再度粗筋を話す活動」よりも，**ペアで内容を紹介し合う**活動を行う中で，内容を繰り返し話したり聞いたりすることのほうが効果的な場合もあります。

　書く活動に困難さがある子供は少なくありません。UDの4要件の中で述べたことの繰り返しになるところもありますが，例えば，何を書くのか，どこにどれだけ書くのかなど，**書く内容と方法を板書などで明確に示す**ことが必要です。その上で，**書き出しを明示**したり，黒板の記述から書くことを選ばせたり，書く活動の前に，2, 3人の子供に発表させて書く内容を例示することで，見通しや予想をもたせたりすることなどが効果的です。

　国語科ではないため，書くことそのものは学習内容ではありません。そこで，教師が**側に寄り添って個別に話を引き出す**ことや，**書き出しや書く言葉を直接示唆**することもあります。また，単語，記号や数字など容易な方法で表現できるようにすることも効果的です。

　読むこと，話すことに苦手意識が大きい子供の場合，**できたことを常に認め，励まし，勇気付ける**ことで，**学習に前向きな態度を育てる**ようにすることが重要です。

❷ 集中することや継続的な行動をコントロールすることの困難さ

　子供によっては，気が散りやすく内容や指示を忘れやすかったり，注意を集中させ続けるこ

とが苦手だったりする困難さがあります。また、じっとしていることが難しく、学習や課題に落ち着いて取り組むことに困難さがある子供も少なくありません。他にも、気持ちのままに行動して友達の活動や学習を妨げてしまったり、教師の話や指示などを最後まで聞いて順序立てて行動できなかったりする困難さがある子供もいます。

その場合、長い時間同じ活動を行うのではなく、5分、10分など**程よい時間で活動を切り替える**ことで、新たな注意を持続できるようにすることや、側に行って、「ペアで2分話し合いましょう」、「プリントに1行書きましょう」など、**達成可能なめあて**をもたせたり、「ここまで書いたら、席を立って意見を紹介してもいいよ」などのように**短期間の見通し**をもたせたりすることが効果的です。そして、できたときには、**その都度、具体的に褒める**ことが必要です。

また、机上や筆箱の中の**整理整頓**が行いやすいように、簡単な印を付けて置き場所を明確にしたり、教師からの指示を音声言語だけではなく、付箋紙に書いて机の上に添付したりすることで、活動が充実することが少なくありません。また、教師の**手立ての意図を丁寧に説明する**ことで、子供の理解や納得をもたせることも大切です。

❸ 他人との社会的関係の形成の困難さ

相手が何を考えているのかを推測したり、理解したりすることが苦手な傾向があり、社会性の発達が遅い子供もいます。また、ある特定の事物へのこだわりが強く、ある活動をやめることや、他の活動を始めることが難しいなどの困難さがある子供も見受けられます。暗黙のルールが理解しづらい傾向の子供も少なからずいます。

道徳科では、教材中の人物の動機や心情などを推測する活動が多くあります。また、教師や友達の心情を理解することも欠かせません。そこで、他者の心情を理解できるようにするために、**役割交代をして動作化などを行う**活動を仕組むことが有効です。ペアで「話したり聞いたりする」など両方の立場で行わせます。3人組なら2人の会話をもう1人が観察できます。

また、「私は〜と思います」や「○○さんが△△と言ったことに□□君が賛成したことが、私には印象に残っています」などのように**主語を明確にした話合い方**を常日頃から行うようにします。また、主張点を述べた後、理由を述べる、**頭括型の話型**や、主張点の数を先に述べて、「一つは〜、二つ目は〜」のように、**ナンバリング**して話すことは効果的です。

なお、**学習規律やマナーを明文化して掲示**し、その都度、その表記に戻り指導を繰り返すことも必要です。同時に、ある程度の幅をもたせ、押しつけ過ぎにならないようにします。

「教材へのしかけ」のところでも触れましたが、**最初から正しい情報を提示する**ことに注意し、教師の不注意で、授業の途中で学習内容や方法を修正しないようにすることが重要です。

これまで述べた学習の困難さの状況を踏まえながらも、予め決めつけることなく、授業の中で現れるその子供の困難さに向き合いながら、**必要な配慮や支援を柔軟に行う**ようにします。

(坂本 哲彦)

第Ⅱ章

ユニバーサルデザインの道徳科授業 36

教科書教材でつくる道徳科授業のユニバーサルデザイン

| 学研 | 学図 | 教出 | 廣あ | 光文 | 東書 | 日文 | 光村 |

| 低学年 | A | 節度，節制 |

かぼちゃのつる
つるを伸ばしたい！ でも，どこまで伸ばせるの？

1　教材活用のポイント

　日々の生活の中で，子供たちは，「○○したい」という思いをもって過ごしている。外で自由に遊びたい，自由帳に絵を描きたいなど，「○○したい」という思いは，活動意欲の源となり，成長するためには必要である。しかしながら，「○○したい」という思いが膨らみ，度の過ぎた行動をすると，仲間や集団の迷惑になることもある。本教材は，そんな「○○したい」という思いをコントロールする態度を培うことができる教材と考える。

　つるを伸ばしたいという思いは成長したいという思いの表れであるが，周囲に迷惑をかけずにどこまで伸ばせるのかを自分事として考えさせることが重要である。

2　学習内容の焦点化

- 身体表現化することで，誰しも「○○したい」という思いに気付くこと。
- 周囲に迷惑をかけずに自分の思いをコントロールする在り方を自分で見出していくこと。

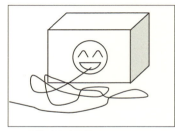
つるを伸ばす演示用

3　学習方法の視覚化

明示化　実際につるを伸ばして「○○したい思い」の楽しさを感じさせたり，度を過ぎた行動は結果として悲しい思いをもつことを板書で明示したりすることで，人物の気持ちを自分の気持ちと比較しながら考えることができるようにする。

拡大化　つるの伸ばし方をワークシートに書かせ，ICT活用としてタブレットで撮影し，拡大することで，仲間の考えと比較して考えることができるようにする。

4　「分けて比べる」事柄

人物の思い　「つるを伸ばしたい」という思いを中心として，右側に「つるを切られたかぼちゃの思い」，左側に「周囲を意識してつるを伸ばしたかぼちゃの思い」を板書上で対比的に書き，比較して考えることができるようにする。

拡大したもの　つるの伸ばし方を書いたいくつかのワークシートを，テレビに映し出して説明させることで，お互いの考えを比べて考えることができるようにする。

指　導　案

(1) ねらい　［低学年　A　健康や安全に気を付け，物や金銭を大切にし，身の回りを整え，わがままをしないで，規則正しい生活をすること。］

　自分を抑える思いと「○○したい思い」との違いについて話し合うことを通して，自分をコントロールする大切さについての考えを深め，よりよい生活をしていこうとする態度を培う。

(2) 学習過程

	学習活動・学習内容	主な発問と子供の反応	○教師の支援／◆評価
導入5分	1　伸ばしたい思いについて発表する。 ・教材への関心 ・「○○したい」という思い	・ぼくは，どんどんつるを伸ばしてみるね。 ・伸ばすほど，よい気持ちになるよ。	○つるを伸ばす疑似体験をさせ，伸ばしたい思いと「○○したい思い」とを関連付けて考えることができるようにする。

　　　　　　どういうふうに，つるを伸ばせばよかったかな。

	学習活動・学習内容	主な発問と子供の反応	○教師の支援／◆評価
展開30分	2　かぼちゃや周囲の思いについて話し合う。 ・自己中心的な態度 ・周囲の捉え方 3　伸ばし方をワークシートに書き，発表する。 ・他者や集団に対する意識 ・よりよい生活を送ろうとする態度	発周りの蜂やすいか，つるを切られたすいかは，どんな気持ちか。 ・困ったなあ。 ・伸ばしすぎるのではなかったと思っているよ。 ・道のほうに行かないようにするとよいね。 ・広いところに伸ばすようにしたよ。	○表情絵などで登場人物の気持ちを考えさせ，自己中心的な態度は周囲から敬遠されることに気付くことができるようにする。 ◆評価の視点① ○つるの伸ばし方を話し合うことで，「○○したい思い」をコントロールする考えを深めさせる。
終末10分	4　学んだことを基に振り返る。 ・今までやこれからの自分	・○○したい思いは大切だけど，人のことを考えないといけないこと。	◆評価の視点② ○自分事として考えたかを表情絵で選ぶ。

(3) 評価の視点（①多面的・多角的な見方　②自分自身との関わり）

①　周囲を意識した態度と理由について考えている。
②　「○○したい思い」をコントロールするよさを自分事として考えている。

板書例

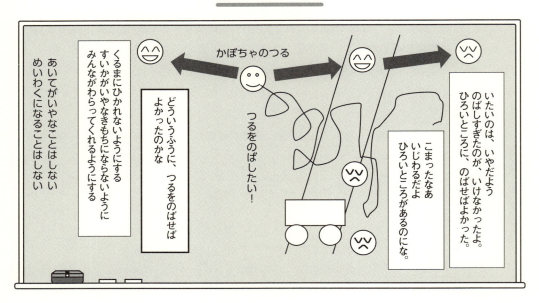

POINT 本授業の中心場面!!
● つるの伸ばし方を比べ合い，周囲に配慮して，自分を見つめ直す場面

展開3 伸ばし方をワークシートに書き，発表する。

　発問 どういうふうに，つるを伸ばせばよかったかな。

- 僕は，道のほうに行かないように伸ばしたよ。だって，みんなが通りにくいからね。
- 私は，広いところに伸ばすようにしたよ。だってつるを伸ばしたいもの。
- すいかもつるを伸ばすのだから，道路がなくても，伸ばし過ぎないことが大切だね。

○登場人物の気持ちを考えさせ，かぼちゃの自己中心的な態度について批判的な思いをもたせた後，「つるを伸ばすことは本当にいけないことだろうか」と問い返した。

○つるを伸ばしたいという思いと子供たちが普段もつ「○○したい思い」を重ねて考えさせることで，誰しももつ思いであることに気付かせた。

○つるの伸ばし方について発問し，ワークシートにつるを書かせた。シートの内容をタブレットで撮影し，拡大して説明させることで，自分の考えと仲間の考えとを比べさせた。

○「道路がなければ，どこまでもつるを伸ばしてもよいか」などの問い返しをすることで，他者や集団を意識した態度について深く考えさせるようにした。

◎「○○したい思い」と「周囲に迷惑をかけない思い」の間にある問題を解決するために，つるの伸ばし方を考えさせ，ワークシートに鉛筆でつるを書かせた。撮影した内容をいくつか大きく映し出して説明させ，自分の考えと比較したり，仲間の考えを知ったりすることで，節度に関わるよりよい態度について考えさせることができた。

評価に生かす「よさを発揮した子供の姿」!!

●**評価の視点②（自分自身との関わり）**

　展開2で，周囲を意識したつるの伸ばし方をワークシートに書かせ，タブレットで撮影し，大きく映し出して発表させた。視覚化することで，仲間の考えと自分の考えを比較することができた。また，「○○したい思い」を大切にしつつ，度が過ぎないことを大事にした態度を，つるの伸ばし方から見取ることができた。右の図はワークシートの図である。

ワークシート

　道路ぎりぎりのところや上下の空いているところに描くシートを見取り，意図的指名をすることで，ねらいをぶらさずに授業を展開することができた。誰しも「○○したいという思い」をもつことは大切であるが，度が過ぎると，多くの人に迷惑をかけることとなる。初めの活動で実際につるを伸ばさせ，「どこまでも伸ばしたい」，「楽しい」と感じた子供たちが，自分をコントロールした有り様をつるの伸ばし方と重ねて書きながら考えていく姿が見られ，学びの変容を見取ることもできた。

タブレットを効果的に使おう！

　視覚化する上で，拡大することは大切である。拡大図を基に仲間と話し合ったり，分かりやすく自分の考えと比較したりすることができるからである。特に低学年であれば「分かりやすさ」は重要で，言葉の使い方で，一人一人の意味の捉えが異なるからである。また，拡大図を示すことで，共通理解が図りやすくなり，学習内容からぶれずに考えさせることができる。

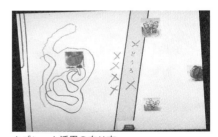

タブレット活用の在り方

　今回の道徳授業では，タブレットで撮影し，拡大させて話し合うことを一助とした。指示棒で示しながら，説明させることで，伝えたい内容を共有する子供たちの姿が見られた。その上，残るものであるから，後で比較することもできる。初めと後の役割演技や動作化した様子を動画撮影し，比較して考えさせることで，考えの深まりを実感することにもつながる。タブレットの効果的な活用は，今後の多様な道徳科授業の幅を広げていくこととなると考えている。

（森重　孝介）

|教出|日文|光村|

|低学年|A|希望と勇気，努力と強い意志|

おふろばそうじ
「がんばる」と「あきらめる」どの未来を選びますか

1　教材活用のポイント

　低学年の子供に「じぶんのやるべきこと」を問うと，「宿題」や「お手伝い」などが返ってくるように，やるべきことは分かっている。また，がんばろう，褒めてもらおうと取り組むことに意欲的な子供は多い。だからこそ，「おふろばそうじ」に一生懸命に取り組む主人公の気持ちに共感する子供は多いだろう。また，「うまくできなかった」，「しごとがつらかった」という気持ちも共感するであろう。

　中学年，高学年と年齢が上がるにつれて，意欲的だったことができなくなることが予想される。低学年では，がんばるのかあきらめるのか，どちらがよいか，また，その理由を考えることで，これから存在するであろう気持ちの壁に対してどう判断するのか，その力を高めていく教材であると言える。

2　学習内容の焦点化

- 努力を人から褒められたり，努力の結果を人に喜んでもらえたりするとうれしいこと。
- 「うまくできなかった」，「たいへんな」ときがあることに気付かせることで，努力を続けることは容易ではないこと。

心情グラフ

3　学習方法の視覚化

　グラフ化　今の自分は「やるべきこと」を「しっかりがんばっている」から「がんばっていない」までの4観点グラフをつくり，今の自分はどこかなと考えることができるようにする。

　矢　印　「うまくできなかった」場合の未来で「がんばった」道を赤い矢印で，「がんばれなかった」道を青い矢印で方向付けることで，道の先に行くとどうなるのかを考えることができるようにする。

4　「分けて比べる」事柄

　未　来　「がんばった」と「がんばれなかった」と未来を分けて書いた上で，どちらのほうが自分にとってよいか比べて考えることができるようにする。

指　導　案

(1) ねらい　［低学年　A　自分のやるべき勉強や仕事をしっかりと行うこと。］

　自分のやるべきことをがんばることができる理由について話し合うことを通して，努力することのよさに気付き，自分の前に立ちふさがる「できなかった」，「たいへん」という壁に対して，自分はどうするべきかという判断力を高めることができる。

(2) 学習過程

	学習活動・学習内容	主な発問と子供の反応	○教師の支援／◆評価
導入5分	1　自分のやるべきことを発表する。 ・教材への関心 ・やるべきことの想起	・私は水やりだよ。 ・僕は勉強だね。	○がんばっているかどうかをグラフで表すことで，努力することについて関心を高めるようにする。

　　　　　　　どうしてあきらくんは，がんばりつづけることができたのだろうか。

	学習活動・学習内容	主な発問と子供の反応	○教師の支援／◆評価
展開30分	2　あきらのがんばる理由について話し合う。 ・努力の要因 ・努力することのよさ 3　やめた場合とがんばった場合の違いを話し合う。 ・努力をする選択をした未来 ・あきらめる選択をした未来	発なぜしっかりとおふろそうじをがんばっているのか。 ・ほめてくれたからだよ。 ・みんなが気持ちよくなるからかな。 ・あきらめたら，きっと自分のことができなくなるよ。 ・失敗しても次に続けようとがんばると思うよ。	○「あなたはがんばってよかったことがありますか」と問うことで，努力のよさを実感することができる。 ◆評価の視点① ○それぞれの未来を選択したときにどうなるのかを問うことで，様々な結果を考えることができる。
終末10分	4　学んだことを基に振り返る。 ・自分のやるべきこと ・大切なこと	・初めはできないけれど，がんばってお手伝いをしたらできたよ。	◆評価の視点② ○大切なことは何かと問うことで，振り返りに生かすことができる。

(3) 評価の視点（①多面的・多角的な見方　②自分自身との関わり）

① それぞれの未来を選択したときに，どうなるのかを考えている。
② 自分のやるべきことをやるために，大切なことは何かを考えている。

板書例

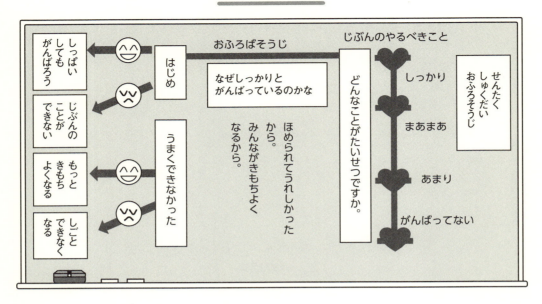

> **POINT** 本授業の中心場面!!
> ● 努力した未来とやめた未来を想定する場面

展開3 やめた場合とがんばった場合の違いを話し合う。

発問 やめた場合とがんばった場合には，どんな違いがあるか。

・がんばった未来：失敗しても次も続けようとがんばると思うよ。
・やめた未来：ずっと楽しくないと思うね。

○あきらががんばっている理由を発表させた後，「はじめからできていたのかな」や「冬とか寒いときにはどんな気持ちだったろうか」など，人間理解に関する問い返しをすることで，より一層道徳的価値観を深めることができるようにする。

○子供たちには，「初めは，うまくできずにいやだなあと思ったことはありますか」などの自分との関わりで考えさせることで，自分と重ねて振り返ることができるようにする。

○表情絵を提示しながら，どっちがよいか考えさせる。そうすることで，今後，同じような場面に出会ったとき，よい方向を選択できるよう判断力を高めていきたい。

◎本教材のあきらは，家族に気持ちよくなってほしいと，風呂掃除を熱心に取り組む子供である。途中，初めはうまくできなかったことや姉が寒さを心配していることがあるが，意欲的に自分のやるべきことをしようとしている。本教材では，あきらの迷いや悩みがうかがえる内容は少ない。そのため，教師側のしかけや問い返しによって，がんばるのか，がんばらないのか，どちらの未来がよいのか考えさせることで，努力の前には試練があるが，乗り越えることで，よりよい自分になることを考えさせていきたい。

評価に生かす「よさを発揮した子供の姿」!!

●評価の視点②（自分自身との関わり）

展開3で「やめた場合とがんばった場合の違いを話し合う」活動を行ったが、低学年ではあるが、子供なりに努力をやめた先のことを想定することができていた。矢印や色チョークを使うことで、視覚的にも捉えることができると考えた。

振り返りは、「じぶんのやるべきことをしっかりとやるために、どんなことがたいせつだとおもいますか」と問い、ワークシートに書かせた。

子供たちからは、自分の勉強やお手伝いを基に、「あきらめずにがんばりたい」や「褒めてもらえるようにがんばること」などの振り返りがあった。また、あきらと同じお風呂掃除をしている子供が、自分と重ねながら自分の考えを書いている振り返りもあった。

他の教材でも「どんなよさがあるのだろう」や「この場合、どうなるのかな」など、価値のよさを問うたり、未来を想定したりすることで、子供の話合いの広がりや深まりが形作られていくと考えられる。

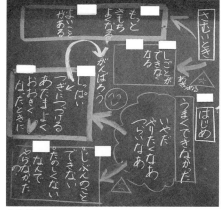

未来予想図

子供が板書に関わる活動とは

板書の意味は様々である。子供の発言を記述し、学びを深めるもの。課題に取り組ませ、解法を共有するもの。道徳科では、板書に関わることで、自己を見つめたり、多面的・多角的に考えたりすることができる。例えば、以下のような方法がある。

① 子供が登場人物の気持ちを板書する。
② 終末に「自分のめざす目標」を板書し、友達にメッセージをもらう活動をする。
③ ネームプレートやホワイトボード、表情絵などを貼らせて発言させる。
④ 心情曲線や矢印などの図を描かせ、自分の考えを発表する。
⑤ イメージマップの図を一つ書き加える。

留意点として、例えば以下の点がある。

・人数によって時間がかかるため、人数を制限するか、活動を一つとするなどの工夫をすること。
・完成度は人それぞれ異なるため、難しさよりも簡単に書き表せると子供が取り組みやすくなる。

（森重 孝介）

| 学研 | 学図 | 教出 | 廣あ | 光文 | 東書 | 日文 | 光村 |

低学年　B　親切, 思いやり

はしの上のおおかみ
「親切返し」だけではなく「親切送り」も分かる人に！

1　教材活用のポイント

　親切がよいことや親切にされる気持ちよさは，すでに知っている。したがって，この教材では，「意地悪することや親切にされることよりも，親切にすることのほうがとてもいい気持ちになること」への考えを深めること，また，「親切にされたらその人に親切にして返すのではなく，違う人に，特に自分よりも年下の人に親切にすること」への考えを深める教材である。

　助言者は，親切な行いを自然に行うくまである。親切にされたおおかみはそのくまの親切を受けることで，親切にされることの気持ちよさを改めて感じ，自分もそのような親切ができる人になりたいという思いを抱く。くまへの「親切返し」ではなく，身近な年下の友達への「親切送り」をするおおかみのよさを自分事として子供に感じ取らせることが重要である。

　そのため，意地悪と親切の気持ちよさを比べ，親切の気持ちよさを感じ取らせ，くまではなくうさぎに親切にしたわけを考えることで，「親切送り」のよさを考えさせるようにする。

2　学習内容の焦点化

- 年下に意地悪するよりも，親切にするほうが気持ちいいこと。
- 親切にして返すことと同じくらい，親切を送ることがすばらしいこと。

【本時の学習内容】
- 親切がえし
  - くま→おおかみ
  - してもらった人にして返すことも大切
- 親切おくり（リレー）
  - くま→おおかみ→うさぎ→ねずみ→りす→……
  - 自分より幼い人に親切をリレーしていく。
- どちらの親切も大切

3　学習方法の視覚化

- ハートマーク　「意地悪をするとき」と最後の「親切にするとき」の気持ちよさの違いとその理由を比較しやすくするため，ハートの大きさで表す。
- 指による表現　「自分自身との関わり」の観点から，終末に，自分と比べながら考えたかどうかをグー，チョキ，パーで自己評価できるようにする。

4　「分けて比べる」事柄

- 価値実現　初めと終わりの場面を板書上で対比することで，価値実現の大（親切）・小（意地悪）の違いについて考えを深められるようにする。
- 行　動　親切にされる人と親切にする人の行動を対比することで，親切にできる人になりたいという思いについて考えを深めることができるようにする。

指　導　案

(1) ねらい ［低学年　B　身近な人に温かい心で接し，親切にすること。］

　意地悪と親切の気持ちよさの違い，親切な行動のよさを話し合うことを通して，年下の人に親切にする気持ちよさと親切が次の親切につながることについての考えを深め，身近な人に親切にしようとする態度を培う。

(2) 学習過程

	学習活動・学習内容	主な発問と子供の反応	○教師の支援／◆評価
導入5分	1　親切にされた経験を発表する。 ・親切にされる気持ちよさ ・親切に対する関心	・けがをしたとき，保健室についてきてもらったよ。 ・みんなで「親切」について考えよう。	○親切にされた場面を尋ね，自由に発表させることで，親切に対する関心を高める。

「はしの上のおおかみ」を読んで，親切について考えよう。

	学習活動・学習内容	主な発問と子供の反応	○教師の支援／◆評価
展開30分	2　意地悪をしたときと親切にしたときのおおかみの気持ちを比べて話し合う。 ・親切のほうが意地悪よりもずっと気持ちいいこと ・親切にするよさ ・親切にすることの難しさ 3　おおかみがうさぎに親切にした理由を話し合う。 ・自分よりも小さい人に親切にするよさ（親切のリレー） ・親切にしようとする意欲（親切送り，親切のリレー）	発意地悪と親切の気持ちはどう違うだろうか。 ・意地悪よりも，親切にするほうが気持ちいい。 ・意地悪は気持ち悪いよ。 ・親切にするのが難しいときもあるよ。 発くまではなくうさぎに親切にしたのはなぜだろうか。 ・くまさんは重くて持てない。 ・自分よりも小さい人に親切にしたい。 ・親切いっぱいにしたい。	◆評価の視点① ○それぞれの気持ちをペアで想像させ共感的な理解を図るとともに，二つの気持ちよさをハートの選択と理由で説明できるようにする。 ○教師がくまの役になり，2，3人の子供をおおかみ役にした役割演技を仕組み，演者と観客の意見を引き出し，親切の考えを深めさせる。 ○うさぎが親切にする人を想像させる。

	学習活動・学習内容	主な発問と子供の反応	○教師の支援／◆評価
終末10分	4　これまでとこれからの親切についてノートに書く。 ・親切な態度 ・今後の自分	・おおかみのように自分も年下の友達や周りの友達などに親切にできるといいな。	◆評価の視点② ○自分と比べたかをグー，チョキ，パーで選ぶことで自己評価させる。

(3) 評価の視点（①多面的・多角的な見方　②自分自身との関わり）

① 状況や相手の気持ち等を踏まえて，意地悪と親切の違いについて考えようとしている。
② 親切にするよさについて，自分自身の生活や経験と比べながら学習している。

板書例

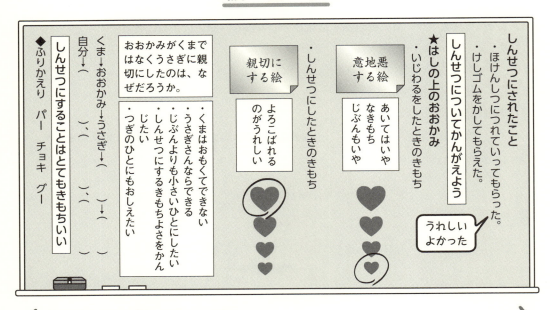

> **POINT** 本授業の中心場面!!
> - 意地悪と親切の気持ちよさの違いを感じ合う場面
> - 親切にしてくれた人ではない人に親切な行為を送るすばらしさを考える場面

展開2 意地悪をしたときと親切にしたときのおおかみの気持ちを比べて話し合う。

発問 意地悪と親切の気持ちはどう違うか。ハートを一つ選んで○を付けてください。

- 意地悪は面白いかもしれないけど，相手が嫌がるのだから，いい気持ちとは違うよ。だからハートの大きさは一番小さいと思う。毎日橋の上で待っているおおかみは，悪いよ。
- 親切のほうが意地悪よりも気持ちよさは大きいよ。私は，一番大きなハートを選んだよ。

○二つの場面の状況を確認した後，それぞれ四つの「気持ちよさハート」の中から一つを選ばせる。ペアで二つの気持ちの違いを話し合うことで，親切の気持ちよさを感じ取らせた。

展開3 おおかみがうさぎに親切にした理由を話し合う。

発問 くまさんに親切にしないで，うさぎに親切にしたのはなぜだろうか。

- くまさんは重くて抱えられない。うさぎさんなら抱っこできる。きっとうれしいだろう。
- 親切をどんどんつなげて，広げたらいい。親切だらけにできたらみんないい気持ち。

○「親切返し」ではなく，「親切送り」のよさに気付かせ，次の発問につなげる。

発問 うさぎさんは，次に，誰に親切にするかな。あなたは誰に親切にしたいですか。

- うさぎさんはねずみさんに，ねずみさんはりすさんに親切をつなげると思う。
- 自分は幼稚園のお友達に何かしてあげたいと思う。

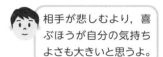

評価に生かす「よさを発揮した子供の姿」!!

●**評価の視点①（多面的・多角的な見方）**

　意地悪の気持ちよさと親切の気持ちよさの違いをハートの大きさを選択することで考える。本来は，気持ちよさの「質が違う」のだが，それをうまく表現することができない発達段階なので，大きさで比べる。子供によっては，同じ大きさを選択する場合や意地悪のほうが大きいと判断する子供もいる。そのため，相手の立場や心情に触れて気持ちよさを考えられるようにする。

●**評価の視点②（自分自身との関わり）**

　ハート選択で気持ちよさの違いを話し合う場合，その理由が自分の経験であれば，自分との関わりで考えていることになる。ある子供は，左のような発言をした。それを受けて，教師は，「親切にして自分の気持ちよさがずっと大きくなったことはありませんか」と投げかけ，自分事として考えるように促した。ほとんどの子供が，人に親切にしていい気持ちになった経験があった。

　終末で，「自分と比べながら考えたかどうか」をグー，チョキ，パーで示すことで，自分の学び方を自己評価させ，自分事として学習する方法を身に付けさせることが大切である。

表現が苦手な子供への手立て

　表現が苦手な原因や理由に応じて，配慮事項を工夫することが大切である。そのため，視覚化の手法を用いて，学びの困難さに応じる。

- ■全体での表現が苦手な場合は，関わる人数を減らすことで対応する。
  - →ペアやグループなど身近な友達と話す機会を設定する。
  - →「一度に長く」ではなく，「短く複数回」。時に教師が話し相手になる。

- ■文字言語や音声言語での表現が苦手な場合は，それ以外を活用する。
  - →絵や記号の選択場面を設定。表情絵やネームカード，数値表現など。
  - →理由を明確にさせることが考えを深めさせることになる。

- ■文字言語で表現させる場合は，書きやすい方法を工夫する。
  - →書き出しの文言を提示したり，先にペア活動を設定したりする。
  - →１文から始め，２，３文へ。一人学びの前にペアで意見交換をする。

（坂本　哲彦）

| 学研 | 学図 | 廣あ | 光文 | 東書 | 日文 | 光村 |

低学年　B　友情，信頼

二わのことり
仲よく＋助けたい＝よりよい友達!!

1　教材活用のポイント

　内容項目「友情，信頼」の低学年では，「友達と仲よくし，助け合うこと」と示されている。今回は，友達と「仲よく」するよさに加えて，一人で悲しんでいる友達を「助ける」ことのよさについて考えを深めさせたい。

　みそさざいが，最初にうぐいすの家に行ったように，1年生の多くの子供は，大勢の友達と「仲よく」楽しく過ごしたい，という感覚をもっている。しかし，人はそれだけでは幸せにはなれない。なぜなら，友達の中に1人でも悲しむ人がいると，心から楽しむことができないからである。

　悲しんでいる人がいたときに，誰か助けてくれるだろうと傍観者的に見るのではなく，みそさざいのように主体性をもって「助けたい」と判断しようとする力を身に付けておくことが，いじめ対策にもつながると考えた。

2　学習内容の焦点化

- どちらの友達が大切かというものは，選べるものではなく，両方が大事であり，他の友達も含めて，友達はみんな大切な存在であるということ。
- 友達と「仲よく」することに加え，悲しんでいる友達を「助けたい」と思うことも大切であるということ。

よりよい友達の人物像

3　学習方法の視覚化

友達の人物像　導入で「仲よく何をするときが楽しいか」をハートの左半分に記入し，終末で「どんなときに助けたいか」を右半分に記入することで，よりよい友達について考えるというイメージがしやすいようにする。

4　「分けて比べる」事柄

状　況　二つの家の状況の違いを，板書上でナンバリングしながら分けて比べることで，友達と仲よくするよさについて考えを深めることができるようにする。

人　物　みそさざいにとって，大切な友達はどちらかを選択し，その判断の根拠を問うことで，よりよい友達についての考えを深めることができるようにする。

指 導 案

(1) ねらい ［低学年　B　友達と仲よくし，助け合うこと。］

相手の状況を想像する活動を通して，友達と仲よくするよさに加え，助け合うことのよさに気付き，よりよい友達関係を築いていこうとする判断力を高める。

(2) 学習過程

	学習活動・学習内容	主な発問と子供の反応	○教師の支援／◆評価
導入5分	1　友達と仲よくできた経験を発表する。 ・友達と仲よくするよさ ・友達観に対する関心	・仲よく遊ぶとき。 ・仲よく話すとき。 ・仲よく勉強するとき。 ・仲よくお絵かきをするとき。	○人物像のハートに「なかよく」と板書をして，続きを数名の子供に発表させる。

「二わのことり」を読んで，「よりよいともだち」について考えよう。

	学習活動・学習内容	主な発問と子供の反応	○教師の支援／◆評価
展開35分	2　「二わのことり」を読んで話し合う。 ・活動の楽しさ	発 みそさざいが，うぐいすの家に行ったのは，なぜだろう。 ① 音楽会の練習があるから。 ② 近いから。 ③ みんな行ったから。	○二つの家の状況の違いをナンバリングしながら板書して，どの考えに一番賛成できるかを話し合う。
	・友達を助けたい思い ・悲しんでいる友達を助けることのよさ	発 なぜ，みそさざいは，全然楽しくなかったのだろう。 ・やまがらが気になるから。 ・誕生日なのに一人で寂しいはずだから。	◆評価の視点① ○「ごちそうもあるのにね」と問い返し，友達への思いを押さえる。
	3　大切な友達はどちらかを話し合う。 ・悲しんでいる友達を助けたいと思う大切さ ・友達はみんな大事	発 みそさざいにとって，一番大切な友達は，どちらか。 ・どちらとも大切にしていると思う。	○自分の立場を選択して，ペアや全体でその理由を話し合う中で，友達はみんな大切であることに気付けるようにする。
終末5分	4　よりよい友達像を考え発表する。 ・よりよい友達像＝仲よく＋助けたい	・けがをしたとき助けたい。 ・一人ぼっちのとき助けたい。 ・勉強が分からないときに助けてあげたい。	◆評価の視点② ○ハートの残り半分に「どんなときに助けたいか」を記入する。

(3) 評価の視点（①多面的・多角的な見方　②自分自身との関わり）

① 相手の立場になって，友達を助けることのよさについて考えている。
② 自分の生活の中で友達を助けたい場面を想起し，よりよい友達像について考えている。

板書例

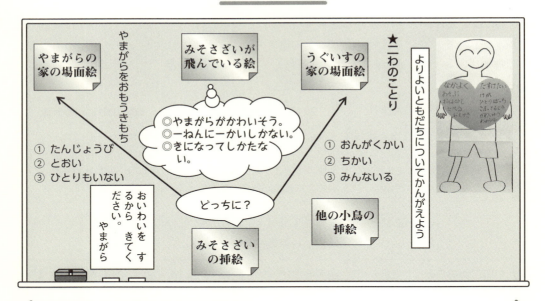

> **POINT** 本授業の中心場面!!
> ● みそさざいが、友達をみんな大切にしていることに気付き、よりよい友達像を深める場面

展開3 大切な友達はどちらか選び、その理由を話し合う。

発問 みそさざいにとって、一番大切な友達は、うぐいすか、やまがらか。

・うぐいす……1人　　・やまがら……29人

○うぐいすを選んだ子供の発表前には、「どの意見も大切です。しっかり聴いてあげてね」と安心して発表できるように配慮をした。教師自身も肯定的に受け止め、認めるようにした。

○残り全員が、やまがらを選んでいた。理由として、「誕生日に一人でいるやまがらを、心配しているから」という意見が多く見られた。これは、展開2のつながりから、やまがらを思いやる、みそさざいの印象が強く残っていたと思われる。やまがらを選んだ他の理由として、「うぐいすの家にみんないるのに、一人だけ、やまがらのことを思っているから」、「みんなのところにいるのに、途中で抜け出しているから」などの意見も見られた。他の友達との関係も踏まえて、みそさざいの葛藤する心について、十分に考えを深めていると言える。

◎やまがらを選んだ子供たちに、「みそさざいが、やまがらをとても大切にしているのは分かったけど、うぐいすは、大切な友達ではないの」と問い返しをした。子供は、「大切だけど、今日は誕生日だから」と反応した。そこで、教師が、「うぐいすも大切だけど、誕生日という特別な日だから、今日は特に、やまがらを大切にしたいということかな」と言うと、「うん、うん」と多くの子供がうなずいていた。そこで、「みそさざいにとって、みんな大切な友達なのかもしれないね」とまとめ、終末4につなげた。

評価に生かす「よさを発揮した子供の姿」!!

●**評価の視点①(多面的・多角的な見方)**

　展開2では,まず,ワークシートに意見を書かせ,みそさざいの葛藤する心についてじっくり考える間を取った。意見を書きにくい子供には,「ごちそうもあるし,みんなでいたほうが楽しそうだけどね」など個別に尋ね,自分なりの意見をもつことができるように励ました。

・やまがらが,誕生日なのに,一人だったら寂しいはずだから。
・せっかく誕生日だから,やっぱり行ってあげよう。だけど,みんなもいるからな。
・音楽会の練習は,いつでも行けるから,やまがらのところへ行こうかな。

などの発言は,やまがら(相手)の立場になったり,他の小鳥たち(みんな)との関係を踏まえて考えていたりするため,多面的・多角的に考えている「子供の姿」と言える。

●**評価の視点②(自分自身との関わり)**

　終末4で,「やまがらのように一人ぼっちの人がいたらどうしたいか」を尋ねた。すると,「優しくしたい」,「助けたい」という発言が見られたため,よりよい友達の人物像のハートの右側に「助けたい」と記入した。その後,「どんなときに,友達を助けたいですか」と尋ね,発表させた。「けがをしたとき」,「問題が分からないとき」,「一人ぼっちのとき」など,友達を「助けたい」具体的な場面を発表することができた。普段の生活を振り返り,自分事として考えて発言する姿は,評価に生かすことができる。完成した友達像(よりよい友達=仲よく+助けたい)を,授業後も教室に掲示しておくことで,意識の共有化を図ることができた。

教材提示の工夫

　自分の意見をノートに書きにくい原因の一つに,状況を理解できていないことが考えられる。そこで,どちらが状況把握がしやすいか,二つの方法で本授業を行い,比較した。

子供にとって,動画は興味・関心が高く,動きがあるためイメージがしやすい。BGMもあるため,臨場感が出て,記憶に残りやすい。動画の後,板書に挿絵を貼りながら,状況を再度確認したので,時間はかかった。

挿絵を黒板に貼りつけながら示すことで,状況が把握しやすい。また,押さえたいポイントを教師の語りの変化で伝えやすい。二つの家で迷った末に,うぐいすの家に行ったときは,「エーッ」という反応もあり,子供の反応はよかった。

　教材や子供の実態に合わせて,教材提示の方法を選択していくことが大切である。

(髙塚　正昭)

| 学研 | 学図 | 教出 | 廣あ | 東書 | 日文 |

低学年　C　生命の尊さ

ハムスターの赤ちゃん
「生きているなあ」と実感できる人に

1　教材活用のポイント

　内容項目「生命の尊さ」または，「自然愛護（動植物愛護）」をねらいにして活用できる教材である。ここでは，前者をねらった教材活用である。一般的な読み方をすると話主が小学生と考えられるため，「ハムスター（動物）を大切にしたいな」という心情や態度を養う「自然愛護」の授業に流れてしまう。そうしないため，次の2点に留意する。

　一つは，ハムスターの赤ちゃんの姿が描かれている場面と対比して，自分が赤ちゃんのときを回想，想像させることである。ハムスターと自分を重ねるようにすることで，飼育者としての立場ではなく，成長するハムスターの立場から教材を読むことができる。

　二つは，「（ハムスターの赤ちゃんに）どんな力がつまっているか」を捉え，自分がハムスターになったつもりで考えさせる。それを踏まえて，「自分が生きているなあと感じることにはどのようなことがあるか」と自らを振り返ることができるような活用を図る。

2　学習内容の焦点化

- 生命には生きる強さがあり，それがとてもすばらしいこと。
- 自分が生きていると感じることを多様に見つけ，分類することや先生の話を聞いて実感すること。

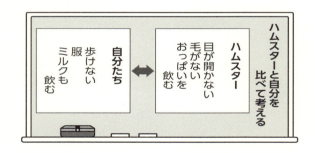

3　学習方法の身体表現化，視覚化

動作化など　ハムスターになりきって「まねっこ」をし，心情を想像できるようにする。

多くの板書　「書く活動」ができない時期の実践だったため，子供の発表やつぶやきなどを多く板書することで，思考を視覚化し，整理できるようにする。

4　「分けて比べる」事柄

経　験　挿絵にあるハムスターの様子と対応する小さかった頃の自分の経験や様子を回想，想像させることで自分の成長に対する気付きを深めることができるようにする。

思　い　多様な「生きているなあと思うこと（生きている証）」を板書上で類別，小見出し化することで，多くの証があることについての思いや実感をもてるようにする。

指 導 案

(1) ねらい ［低学年　D　生きることのすばらしさを知り，生命を大切にすること。］

自分の小さい頃の様子を想起することを通して，「生きている証（小さい子供の中に蓄えられている生きる力やたくましさなど）」についての考えを深め，生命を大切にしようとする判断力を高める。

(2) 学習過程

	学習活動・学習内容	主な発問と子供の反応	○教師の支援／◆評価
導入5分	1　学習のめあてを知る。 ・生きていることへの関心 ・生きることを考えること	・毎日元気に生活している。 ・今日は「生きていること」について考えるんだ。	○3枚の挿絵を添付後，課題と教材を知らせた上で，感想を発表させる。

「ハムスターの赤ちゃん」を読んで，「生きていること」について考えよう。

	学習活動・学習内容	主な発問と子供の反応	○教師の支援／◆評価
展開30分	2　「ハムスターの赤ちゃん」を読んで話し合う。 ・成長する，生きる様子 ・自分の経験，想像 ・成長する強さ，たくましさ ・元気	発 3つの場面のハムスターと自分を比べよう。 ・おっぱいを飲んでいる。 ・自分はミルクだったよ。 発 ハムスターの赤ちゃんに詰まっている力は何か？ ・大きくなる力。 ・元気になろうとする力。	◆評価の視点① ○ハムスターの成長の場面を自分なりに言語化し，対応する自分の経験を想像することで，生命の成長を自分と関わらせながら考えることができるようにする。
	3　自分が生きていると感じることを話し合う。 ・生きていると感じることとその多様さ，理由 ・生きているすばらしさ	発 「生きているな」と感じることにはどんなことがあるか。 ・手足が動く，楽しく遊ぶ。 ・おいしく食べる。	◆評価の視点② ○「動く」，「食べる」，「体」等に分けて板書し，それらを動作化するなどしてよさの理解を深める。
終末10分	4　○○先生の話を聞き，授業の感想を発表する。 ・一生懸命生きようとする気持ち，実感	・○○先生は，小さい頃，体が弱かったんだ。 ・これまで自分もしっかり生きてきたな。	○ゲストの先生に，生きるすばらしさを語ってもらい，元気に生きようとする気持ちを深める。

(3) 評価の視点（①自分自身との関わり　②多面的・多角的な見方）

① 小さな頃の自分の様子と比較して想像しようとしている。

② 「自分が生きていると思うこと」を友達といろいろ見つけようとしている。

板書例

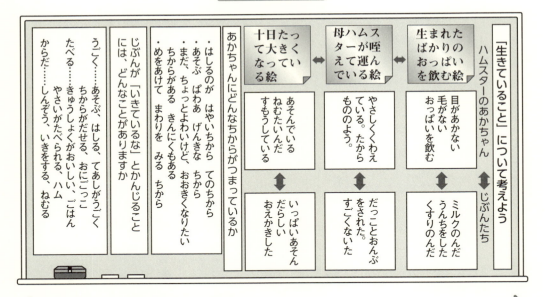

POINT 本授業の中心場面!!
- 「生きている」と感じることを多様に出し合うとともに，ゲストティーチャーの話を聞くことで，「生きていること」のすばらしさを実感する場面

展開3 自分が生きていると感じることを話し合う。
終末 ○○先生の話を聞き，授業の感想を発表する。

発問 「生きているな」と感じることにはどんなことがありますか。

・手足が動くこと。だから，かくれんぼや鬼ごっこができる。走ることができるよ。
・楽しく遊べるのは，生きているから。力が出せる。
・ご飯，パン，野菜などがおいしい。いろいろ食べられるのは生きている証拠だ。
・心臓がドクドクしていること。息ができること。眠ること，起きること。
・どんなことも生きていることに関係があるよ。

○入学間もない子供には，「生きていること」は当たり前のことだから，教材を用いた展開前半の学びとつなげながら，例示するなどして自由に発言できるような雰囲気づくりをした。
○手足が動く，力が出せるなどの発言を捉え，「では，実際に，その場で手足を動かしてごらん。力を出して机を持ち上げてみて」などと「まねっこ」（動作化）を促した。
○ゲストティーチャーは，「小さい頃体が弱かったが，しっかり食べ遊んだので，今はとても元気に生活している，生きている」ということを，子供の反応を踏まえて楽しく話をした。
◎文字が十分には書けない時期だったため，ペアで話し合う機会を設けた。また，「まねっこ」（動作化）させ，何気ないことが「生きていることのよさ」だと感じさせた。

評価に生かす「よさを発揮した子供の姿」!!

●評価の視点①（自分自身との関わり）

書く活動がないため，教材を読んで話し合う場面では，特に，子供のつぶやきやペアでの発言などを教師から積極的取り上げ，板書したり，価値付け称賛したりした。

・自分もお母さんのおっぱいを飲んだ。うんちをいっぱいしたらしい。
・自分は抱っこしてもらった。おんぶされたことは覚えている。
・パンを食べさせてもらった。よく泣いたって言われたことがある。

吹き出しの発言は，小さな頃の自分の様子を教材中の人物（ハムスター）と比較して自分事として想像しているため，評価に生かせる「子供の姿」である。

●評価の視点②（多面的・多角的な見方）

「自分が生きているなあと思うこと」を友達といろいろ見つけようとしていることが視点②である。最初の4，5人の発言は，教師が意図的に書き分け，その後，「どの言葉の近くに書けばいいですか」と問い，子供たちで整理できるように促す。

途中，「それぞれに名前を付けましょう」と投げかけ，「からだがうごく」，「たべる」，「からだ」などと子供の発言を踏まえて「小見出し」を付けた。また，実際に胸に手を当てる等の動作で，実感として生きている証を感じ取らせる活動も行った。

【動くことに関する意見】
友達と楽しく遊ぶ。手足が動く。走る。力が出る。

【食べること関する意見】
給食がおいしい。ご飯や野菜が食べられる。

【からだに関する意見】
心臓が動く。息をする。寝る。

道徳的行為の体験的な学習の工夫

日常行為：日常生活で行っている「あいさつ」や「礼儀」などを道徳科の授業の中で実際に行うことで，礼儀のよさや難しさなどを考えるような学習。

動作化：今回の授業のような「動作化」。読み物教材の人物の行動をまねして体を動かしたり，話したりすることで，実感を伴って動機や心情を理解する学習。

役割演技：即興的に演技する「役割演技」。教材の内容を踏み出して，自分なりに発展させる活動なので，演じる子供でさえ，自覚していなかった道徳的価値の理解や自分の振り返りなどが促される。観客と演者双方から感想を引き出すことが大切。

（坂本 哲彦）

| 学研 | 学図 | 教出 | 廣あ | 東書 | 日文 | 光文 | 光村 |

低学年 ｜ D ｜ 感動, 畏敬の念

七つのほし（ななつぼし，ひしゃくぼし）
うつくしいものには，どんなものがあるのかな

1　教材活用のポイント

　低学年の子供が，「美しい」と感じるもの，それは，海の青であったり，入道雲の大きさであったりする。子供はそれをきれいと言うであろう。「美しさ」に触れることで，子供の感性は磨かれ，心は澄み切るのである。しかし，それは見ることで感じるものであり，子供は人の心の優しさ，いわゆる見えないものに美しさを感じているわけではない。
　「七つのほし」は，女の子やその周りにいる人の心の優しさが描かれている。子供たちには，心の優しさ，美しさを感じさせることで，目に見えるもの，見えないものの両方の美しさがあることを考えさせ，すがすがしい心に触れさせたい。

2　学習内容の焦点化

- 自分を置いて，相手のためにする優しさは美しいということ。
- 優しさがつながっていることに気付かせることで，目に見えない美しさがあるということ。

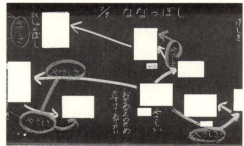
板書（優しさでつなぐ）

3　学習方法の視覚化

板書の構造化　低学年にとっては人物が多いので，人物の提示絵を黒板に貼りながら教材文を読んだり，矢印などで関係を図化したりすることで，教材文への関心を高めることができるようにする。

美しいもの　子供たちが普段美しいと感じる景色などをテレビに映し出し，その美しさに浸らせ，様々な美しいものについて考えることができるようにする。

4　「分けて比べる」事柄

提示絵　女の子の提示絵を真ん中に，犬や母親たちを周囲に配置して分けて比べることで，共通する心を考えることができるようにする。

美しさ　板書の右には目に見える美しさ，左には目に見えない美しさを分けて比べさせることで，美しいと感じるものに浸らせて，自分と重ねて振り返ることができるようにする。

指 導 案

(1) ねらい ［低学年　D　美しいものに触れ，すがすがしい心をもつこと。］

自分のことを後回しにして，人のためにする行動について話し合うことを通して，優しさも心の美しさにつながっていると知り，美しさを感じるとすがすがしくなるという心情を深める。

(2) 学習過程

	学習活動・学習内容	主な発問と子供の反応	○教師の支援／◆評価
導入5分	1 「美しい」と感じたものについて発表する。 ・教材への関心 ・目に見える美しさ	・青い海って美しいなあって思うよ。 ・ひしゃくぼしも夜空に輝いて美しいね。	○「美しいものを見たときの思い」を考えさせることで，心とつながっていることを実感させる。

どうして，ひしゃくぼしになったのだろう。

展開30分	2 女の子や周囲の思いについて話し合う。 ・心の優しさ ・優しさのつながり 3 提示絵を比べて話し合う。 ・優しさと美しさとの関係 ・目に見えない美しさ	発どうして銀や金のひしゃくになったのか。 ・女の子が飲みたい気持ちを我慢して犬や母親に水をあげたからだよ。 ・優しさがつながったから，ダイヤモンドが飛び出したのだよ。 ・優しさは心の美しさなのだね。	○提示絵を分けて貼りながら教材文を読むことで，人間関係と場面の様子が分かるようにする。 ◆評価の視点① ○導入の美しさと優しさとの関係を考えるよう促すことで，目に見えない美しさについて考えることができるようにする。
終末10分	4 学んだことを基に振り返る。 ・人間の心の美しさ ・すがすがしさ，優しさ	・前にお兄ちゃんがボールを取ってくれてうれしかったな。	◆評価の視点② ○自分と重ねて優しさについて考えている。

(3) 評価の視点（①多面的・多角的な見方　②自分自身との関わり）

① 美しいものには，どんなものがあるか考えようとしている。

② 優しさについて，自分の経験と重ねながら考えようとしている。

板書例

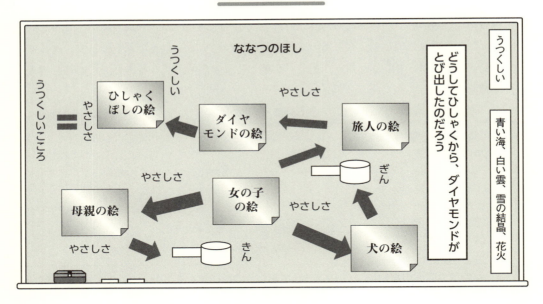

(**POINT** 本授業の中心場面!!)
● 展開2から展開3へと続く場面

展開2　女の子や周囲の思いについて話し合う。

発問　どうして銀や金のひしゃくになったのだろう。

・自分は飲みたいけれど，犬に水をあげたから。その優しさが銀に変えた。
・娘がお母さんに水を飲ませようとしたことと，お母さんがそのひしゃくの水を飲ませようと娘に返した気持ちが，ひしゃくを金に変えた。

○それぞれの場面で「優しさ」がキーワードとなる。「やさしさ」を板書した後，「黒板を見て，気付くことはあるか」と問い返した。

・優しさがたくさんあるし，つながっているね。
・優しさがつながったから，ダイヤモンドが飛び出て，ひしゃくぼしになったのだよ。

○美しいものの一つが「ひしゃくぼし」であったことを想起させ，何が美しいのかを問う。

・優しさは美しいのだね。

○「『はじめの美しさ』と『お話の美しさ』は何が違うの」と問い返す。

・初めの美しさは「景色」で，お話の美しさは，優しさで「心の美しさ」になるよ。

◎「うつくしい」という言葉と「やさしい」という言葉をキーワード化して板書することで，子供たちは，優しさがつながっていることや心の美しさに気付くことができた。そのためには，なぜひしゃくが金や銀に変わったのか，ダイヤモンドが飛び出したのかを丁寧に子供の言葉で問い返すことが大切である。

評価に生かす「よさを発揮した子供の姿」!!

●評価の視点②(自分自身との関わり)

展開3で「美しい」と感じるものとして「人の心の優しさ」に気付かせ,「書くことができる子は書いてもよいよ」と限定した上で,自分の体験を重ねて「今日学んだことを書きましょう」と振り返らせた。その振り返りを価値付けることで,「人の心の優しさっていいなあ」と感じることができると考えたからである。以下は,子供の振り返りである。

- A児:前,お兄ちゃんがボールを取ってくれたからうれしかった。
- B児:幼稚園でドッジボールの応援をしている人のためにがんばっている。
- C児:幼稚園のとき,一輪車でこけると,友達が心配してくれたから,うれしかったし,優しいと思う。
- D児:お母さんがいつも料理を作ってくれる。
- E児:妹におもちゃを貸してあげた。お姉ちゃんにボールを貸してあげた。

子供たちは,優しさにつながる様々な文脈をもっているからこそ,多様な「心の優しさ」が表れる。「自分よりも,相手を思う優しさってよいなあ」と感じる心が,成長するにつれて,「尊い」ものへと変容していく。低学年だからこそ,「うれしいな」,「よいな」という思いを大切にして,教師も一緒にその価値に浸ることが大切である。

問い返しを有効に使おう!

先生,ぼくは○○と思うよ。 どうして,そう思うの?

低学年や中学年では,自分が伝えたい言葉を話すからか,一度聞いてもよく分からないことがある。高学年は,内容は分かるが,言葉が短いので,深い部分まで分からないことがある。分からなさや不明瞭さは,円滑な話合いやねらいに向けた活動に影響が表れる。そこで,有効な手立てが「問い返し」である。例えば以下のような問い返しがある。

① 「どうしてそう思うのか」と発言の意図を聞く。
② 「もしも,○○ならばどうするのか」など条件設定を変える。
③ 「どれが一番分かるか」と自分の経験に引き寄せて考えさせる。

意図をもって問い返すことで,「分かったつもり」が「分かった」となり,考えが共有化されたり,「自分を大切にしているのだな」と思って子供が進んで取り組んだりする。問い返す時間がないという思いをもつこともあるが,そこで問い返すことで,後半の話合いの質が深まることがある。有効な問い返しの追究が道徳授業をよりよいものとすると考える。

(森重 孝介)

| 学図 | 廣あ | 日文 | 光村 |

低学年 ／ A ／ 正直，誠実

お月さまとコロ
道徳の授業を単元化！

1 教材活用のポイント

どうしてうそをついたり，ごまかしをしたりしてはいけないのか。それは，周囲の信頼を失うだけでなく，自分自身をごまかすことになってしまうからである。しかし，子供にうそをついてはならない理由を尋ねても，「怒られるから」と自分のこととして捉えている姿は少ない。本実践では，道徳的価値の理解をより一層深められるように，同じ内容項目の授業を3週連続で行った。

表 筆者による学習内容の捉え

お月さまとコロ	みかんの木の寺	子だぬきポン	［焦点化する学習内容］
素直であることの気持ちよさ	うそをつくことによる相手の気持ち	うそやごまかしをしてしまう自分の気持ち	

本時の学習内容を捉える際，同じ内容項目の教材を見比べることで，本時の学習内容を捉えやすくなると考えている。上の表は，筆者がそれぞれの時間で焦点化したい学習内容を整理したものである。本時では，特に自分自身に素直であることの気持ちよさについて理解を深めさせたい。

2 学習内容の焦点化

- いけないことをしたときには，ごまかすよりも素直に謝ったほうが気持ちよいこと。
- うそをついたりごまかしたりしないことは，相手にとっても気持ちがよいこと。

3 学習方法の視覚化

場面絵 単元で扱う教材の，それぞれ最後の場面絵を提示し，そのときの登場人物の気持ちを比較させることで，謝ることの気持ちよさについて考えようとするきっかけとなるようにする。

4 「分けて比べる」事柄

気持ち 謝って許してくれた場合と許してくれなかった場合の自分の気持ちを比較させることで，ごまかしをしないことは，相手と自分にとって気持ちがよいことについて理解を深められるようにする。

場面絵で気持ちを比較した場面

指 導 案

(1) ねらい　[低学年　A　うそをついたりごまかしをしたりしないで，素直に伸び伸びと生活しようとすること。]

　謝るときと謝らないときとの気持ちの違いについて話し合うことを通して，ごまかすよりも，素直に謝ったほうが気持ちよいことについて考えを深め，伸び伸びと生活しようとする心情を深める。

(2) 学習過程

	学習活動・学習内容	主な発問と子供の反応	○教師の支援／◆評価
導入5分	1　範読を聞き，前時までの話と異なる点を交流する。 ・素直に謝ることについて考える見通し	・今日のお話では，コロがきちんと謝ろうとしているね。	○教材の相違点を挙げさせることで，単元のつながりを意識しながら，本時の見通しをもつ。

　　　　　　　　どうして「ごめんなさい」は大切なの？

展開30分	2　謝ろうとしたときの理由について話し合う。 ・謝ろうと思うときの理由 3　謝っても許してくれなかった場合の気持ちについて話し合う。 ・ごまかさないことが相手にとっても気持ちよいこと	発 どうしてコロは謝ろうと思ったのか。 ・許してくれるかもしれないと思ったからだよ。 発 ギロが許してくれなかったら，謝るか。 ・謝るよ。少しは許してくれると思うから。 ・謝らない。許してくれなかったら，むだ。	○気持ちを類推できない子供には，前時までの教材中の登場人物の気持ちを想起させる。 ◆評価の視点① ○謝らなかった場合の気持ちを類推させ，謝ることによる気持ちよさについて考えを深められるようにする。
終末10分	4　謝ることの大切さについて交流する。 ・素直に謝ることの気持ちよさ	発 どうして「ごめんなさい」は大切なのか。 ・ごめんなさいって謝ると，自分も友達も笑顔になれるから大切だよ。	◆評価の視点② ○本時のめあてを再度投げかけることで，学習の深まりを実感できるようにする。

(3) 評価の視点（①多面的・多角的な見方　②自分自身との関わり）

① 謝ることの難しさなどにも目を向けながら，素直に謝ろうとすることの意味について考えようとしている。

② 謝ることのよさや難しさを，自分の経験を踏まえながら考えようとしている。

板書例

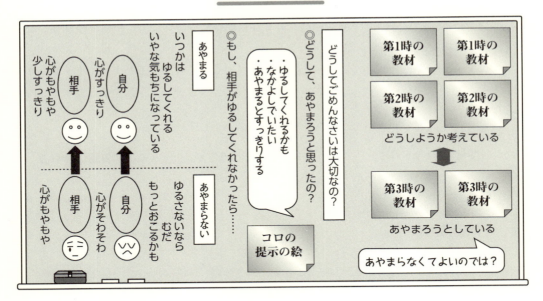

POINT 本授業の中心場面!!
● 謝っても許してくれない場合の気持ちについて話し合う場面

展開3 謝っても許してくれなかった場合の気持ちについて話し合う。

発問 もし、ギロが許してくれなかったら、自分なら謝るか。

- 謝るよ。次の日は許してくれなくても、いつか許してくれるかもしれないからね。
- 謝らないよ。謝ることで、許してくれなかったらむだだし、相手がもっと怒るかもしれないからね。
- 謝らなかったら、自分の心がそわそわするよ。謝って自分の心がすっきりしたほうがいいな。

○相手が許してくれるからという意見に対して、相手が許してくれなかったらという場合を示して、自分だったら謝るかどうかを話し合わせることで、自分の気持ちに目を向けて考えられるようにした。

○謝る場合と謝らない場合でそれぞれ自分の気持ちと相手の気持ちについて対比的に板書することで、素直に謝ることによる気持ちのよさについて理解を深められるようにした。

○素直に謝らないことによる不快感に関する意見が表出された際、そのような経験がないか、そのような気持ちが理解できるかなど、共感的理解を促す発問を行った。

◎仮定の場合について考えさせたことで、子供は他律的な考えから自律的な考えのよさについて理解を深めようとすることができた。

評価に生かす「よさを発揮した子供の姿」!!

●評価の視点①（多面的・多角的な見方）

「許してくれなかったら，謝ることはむだだ」という意見に子供が傾き，教師が「自分がいけなかったと思っていても，相手が許さなかったら謝らないか」と投げかけた場面である。

相手の心が，さらにもやもやしてしまうな。

自分の心も，そわそわしてしまうよ。

一方の立場だけでなく，自分や相手の気持ちを考えながら，謝ることの大切さを捉える姿が見られた。

●評価の視点②（自分自身との関わり）

謝らないことで，「自分の心がそわそわする」という発言があった場面である。教師が，謝らないことで自分の心が「トイレを汚してしまったときに，お母さんがきれいにしてくれていた。怒られると思ったから謝らなかったよ」と，A君が自己の経験を語り始めた。そこで，「もし，みんながA君だとしたら，お母さんに謝れるか」と，友達の経験を自分事として捉えさせる発問をした。すると，「自分だったら恥ずかしくて謝れないかも……」と，自分を投影してその状況について考えたり，「謝ってすっきりしたいな」と，前向きな思いをもったりする姿が見られた。

道徳授業の単元化

各授業の内容を整理した学級の掲示物

同じ内容項目でまとめて授業をすることで，価値の理解を一層深められたり，気持ちを類推することが苦手な子供にとっては，見通しをもって授業に取り組めたりしたようである。他にも，子供の実態からテーマ（例えば，「きちんとするってどういうこと？」）を定めて，関連する内容項目を構成したり，道徳科の視点を基に構成したりするなどの工夫が考えられる。

（久保田 高嶺）

[学研] [学図] [廣あ] [光文] [日文] [光村]

[低学年] [B] [親切, 思いやり]

ぐみの木と小鳥
相手を思って親切にすると，周りが喜び，自分も嬉しくなる

1　教材活用のポイント

　本教材では，「親切とは，自分中心の考えではなく，相手のことを考えた行動であること」に気付くことができる。また，「親切にされた人物が喜ぶと，親切にした本人も嬉しくなること」に気付くことができる教材でもある。

　小鳥は，ぐみの木の友達であるりすのところへ見舞いに行き，ぐみの実を届ける。見舞いに行く場面は三度あるが，三度目には，嵐という見舞いをするには大変な条件が付加されている。大変な状況だからこそ，相手のことを考え優しく接することのよさに気付きやすくなっている。また，りすだけでなく，ぐみの木（親切にしてもらった周りの人物）も喜んでいることから，親切にする理由についても考えを深めることができる。

2　学習内容の焦点化

● 親切にしにくい状況の中でも，相手に対する優しい思いが強くなると，行動に移すときがあるということ。
● 親切にした結果，親切にされた側が喜んでくれると，親切にした本人も嬉しくなること。

3　学習方法の視覚化・身体表現化

表情絵　親切にした後の小鳥の表情を，四つの絵の中から選択することで，親切にした本人の心情を全員の児童が考えることができるようにした。

ハート　誰にどのくらいの大きさの親切を届けたいか，ハートに色を塗って視覚的に表すことで，親切にしようとする実践的な意欲を培うようにする。

役割演技　りすが尋ねたことに対して，小鳥がどうやって返事をするか考え，役割演技を通して発表する中で，なぜ嵐の中見舞いに行ったのか多様な考えを引き出す。

表情絵

4　「分けて比べる」事柄

立場　親切にされた側と，した側に立場を分けて比べることで，親切にされた人物が喜ぶと，親切にした本人も嬉しくなることに気付くことができるようにする。

指　導　案

(1) ねらい　［低学年　B　身近にいる人に温かい心で接し，親切にすること。］

　　親切しにくい状況の中でも，相手のことを考え優しく接する場面の役割演技をし，その結果について話し合うことを通して，相手を思って親切にすると，周りが喜ぶだけでなく自分も嬉しくなることに気付き，身近な人に親切にしようとする意欲を培う。

(2) 学習過程

	学習活動・学習内容	主な発問と子供の反応	○教師の支援／◆評価
導入5分	1　見舞いに行った経験があるか発表する。 ・教材文への関心	・ひいおばあちゃん。 ・おじいちゃん。 ・お母さん。	○見舞いの体験談を数人に発表させ，教材文への関心を高める。

「ぐみの木と小鳥」を読んで，親切について考えよう。

	学習活動・学習内容	主な発問と子供の反応	○教師の支援／◆評価
展開35分	2　嵐の中，見舞いをした場面の役割演技をする。 ・親切とは相手のことを考えた行動であること ・相手のことを考え，優しく接することのよさ	発どうして，嵐の中，そこまでしてくれるのか。 ・りすさんの病気が早く治ってほしいからですよ。 ・ぐみの木さんに早く会えるようになってほしいからね。	○役割演技を行う際に，嵐の場面で効果音CDをかけ臨場感を出したり，問い返しを行ったりすることで，親切にするよさに気付かせる。
	3　喜んでいるのは誰か考え，その理由について話し合う。 ・周りが喜ぶと，自分も嬉しくなるということ	発小鳥は，喜んでいるのか。四つの中から表情を選んで，その理由を書きなさい。 ・2人とも喜んでくれているから，自分も嬉しいよ。	◆評価の視点① ○小鳥の心情を，四つの表情絵から選択させることで，全員が参加できるようにする。

	学習活動・学習内容	主な発問と子供の反応	○教師の支援／◆評価
終末5分	4　自分は誰に親切にしてみたいか，発表する。 ・親切にしようとする意欲	発小鳥のような親切を誰にしてみたいか。 ・病気で休んでいる友達。 ・おじいちゃん。	◆評価の視点② ○ハートに色を塗り，親切にしたい気持ちの大きさを表現させる。

(3) 評価の視点（①多面的・多角的な見方　②自分自身との関わり）

①　相手を思って親切にすると，周りの人だけでなく自分も嬉しくなることを考えようとしている。

②　自分が親切にしたいと思う人物やその内容について，自分自身の生活から想起しようとしている。

板書例

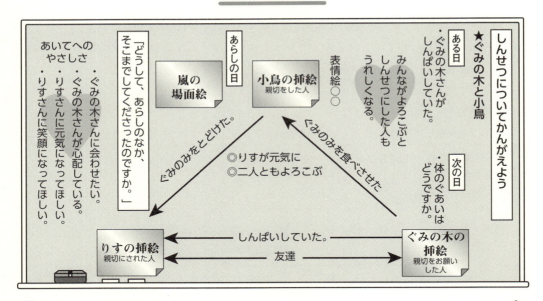

> **POINT** 本授業の中心場面!!
> ● 嵐の中，小鳥が，りすのところへ見舞いに行ったときの役割演技をすることで，相手への温かい心が行動に移させたことを実感する場面

展開2 小鳥の気持ちを役割演技を通して話し合う。

発問 りすに，「どうして，わたしのために，そこまでしてくれるのですか」と聞かれたら，何と言って答えるか。プリントの「それはね，……」の続きに台詞を書きなさい。

・ぐみの木さんが心配しているから。
・りすさんの病気が早く治ってほしいから。
・りすさんに元気で笑顔になってほしいから。
・ぐみの木とりすを早く会わせてあげたいから。

○りすの台詞に対して，小鳥になり切って答えることで，書くことが苦手な子供も書きやすいように工夫する。ペアで書いたものを紹介し合うことで，意見を交流できるようにする。

○全体の前で，教師と役割演技をする際に，読み聞かせの際にも活用した効果音CDをかけて嵐の中という場面設定を把握しやすくしたり，問い返しの発問（「でも体がずぶ濡れですよ」など）を行い，即興的に出た発言を取り上げたりすることで，病気のりすに対する優しい思いがあることを引き出すようにする。

◎ペアで交流したり，全体で役割演技をしたりすることで，全員が自分の意見をもち，多様な考えを引き出すことができた。その後，出された意見の共通点として，「相手」に対する優しい思いがあることを押さえることができた。親切にしにくい状況で，相手のことを考え行動する小鳥の姿から，児童は親切にしようとする実践意欲を培うことができた。

評価に生かす「よさを発揮した子供の姿」!!

●**評価の視点①（多面的・多角的な見方）**

　「親切にした結果，喜んでいるのは誰か」の発問により，様々な登場人物の視点から多面的に親切について考えることができるようにした。りすとぐみの木については，挿絵を裏返すと笑顔になったり，教材の台詞を提示したりすることで，喜んでいることが視覚的に分かるようにした。そして，親切にした小鳥自身はどうか，四つの表情絵の中から選択させた。

　「とてもうれしい」、「すこしうれしい」を全員が選択していた。多くの児童が「りすが，元気になってくれたから」や，「ぐみの木も喜んでいるから」を理由に挙げていた。これらの意見は，親切の道徳的価値について，様々な登場人物の視点で考えているため，評価に生かすことができる。

●**評価の視点②（自分自身との関わり）**

　終末では，「小鳥さんのように，誰に親切にしたいか」を尋ね，ハートに色を塗って，親切にしたい気持ちの大きさを表すようにした。病気のりすに親切にした小鳥のように休んでいる友達の名前を書いている児童や，他の意見として，曾祖父母や祖父母という意見も見られた。登場人物の小鳥を自分に置き換えて，身近な存在の中で親切を行う対象を考えていると言える。

授業展開のアレンジ

　今回は，「相手の喜びが，自分の喜びになる」というねらいで授業を行った。人間理解の面で，もう一歩踏み込むとすれば，「親切にしたいけど，できにくいときもある」ことを捉えさせることも可能な教材である。本教材で言えば，嵐の中で行こうか迷う場面だが，実生活の中で，雨の中，下校中に１年生が転んでけがをして泣いている際，「大丈夫？」と声をかけようと思うが，自分も傘を差していて，荷物もたくさん持っていて助けにくいなど，親切をしにくい場面は必ず起こり得る。そこで，「小鳥さんのように，親切ができにくいときでも，親切にすることができるためには，何が必要かな」と尋ねることで，「勇気」、「友達を大切にする心」、「あきらめない心」など，親切に付随する内容項目の角度から，親切にするために必要なことを多角的に考えることも可能な教材であると言える。

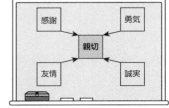

親切を多角的に捉えた図

（髙塚　正昭）

```
学研  教出  廣あ  日文  光村
```

低学年 | B | 友情，信頼

およげないりすさん
「違い」があるからこそ，仲よくしたいと思える人に

1　教材活用のポイント

　「友達と仲よくし，助け合う」ことの大切さは，子供たちは小さい頃から教えられてきている。「およげないりすさん」には，泳げるあひる，かめ，白鳥が泳げないりすを仲間はずれにして遊びに行く前半場面と，一緒に遊びに行く後半場面とが描かれている。この教材では，二つの場面を取り上げながら「みんな仲よくしたほうがよい」「仲間はずれはいじめだ」などという学習展開になることが予想される。しかし，それだけでは「友情，信頼」に関わる新たな気付きがあったと言いにくいのではないかと考える。

　そこで，この教材では，二つの場面の「違い」に着目し，「りすと，あひる，かめ，白鳥は友達と言えるか」を考える中で，人物への自我関与を積極的に促しながら，子供一人一人の「友情，信頼」に関わる価値観（以下，「友達観」とする）と教材の事象とを比較していく。そうすることで，「互いの立場や考えの違いに気付き，その違いを超えて友達と仲よく過ごしたいと思う心のよさ」への気付きを深めることをねらいたい。

2　学習内容の焦点化

- 互いの違いを超えて友達と支え合ったり助け合ったりできるのは，友達と仲よくしたいと思う心があるからであること。
- 自分にも友達と仲よくしたいと思う心があることを自覚し，友達と支え合い助け合おうとする意欲を強くすること。

黒板に書いた表情絵

3　学習方法の視覚化

表情絵　初めと終わりの場面のりすやあひる，かめ，白鳥の表情を選択させ，その理由を語らせることで，表情の比較や理由に込められた友達観の比較をしやすくする。

挙　手　「納得ですか」，「賛成ですか」など，友達観に関わる子供の発言や教師の問い返しに対して挙手での即時反応を促すことで，一人一人の友達観を表出しやすくする。

4　「分けて比べる」事柄

人物の立場　教材の人物の「できる（できない）こと」，「できる（できない）から」を意図的に問うことで，人物の立場や考えの「違い」について意識した話合いができるようにする。

指 導 案

(1) ねらい ［低学年　B　友達と仲よくし，助け合うこと。］

友達との違いや友達と助け合う行動のよさについて話し合うことを通して，互いの立場や考えの違いを超えて友達と仲よくしたいと思う心があることに気付き，友達と一緒に活動したり支え合ったりしようとする意欲と態度を培う。

(2) 学習過程

	学習活動・学習内容	主な発問と子供の反応	○教師の支援 ／ ◆評価
導入5分	1 「友達と一緒だと……」について発表する。 ・友達がいることのよさ ・友情，信頼に対する関心	・友達と一緒だと遊べるし，楽しいな。 ・今日は友達について考えるんだね。	○行為と感情を区別して板書をする。 ○教材の友達観を尋ねることを伝え，範読する。

りすさんとあひるさん，かめさん，白鳥さんは「友だち」か考えよう。

	学習活動・学習内容	主な発問と子供の反応	○教師の支援 ／ ◆評価
展開30分	2 「およげないりすさん」を読んで話し合う。 ・教材と自分の友達観の比較 ・友達と助け合う行動のよさ ・友達との立場や考えの違いを超えて，仲よくしたいと思う心があること 3 仲よくしたい思いが強いとどんな友達関係になれるか話し合う。 ・友達と仲よくしたい思い ・助け合うことのよさ	発友達と言えるか。 ・初めは友達とは言えないけど，最後は友達だ。 ・終わりはみんな☺になっているよ。 発りすさんがいないほうが楽しいのではないのか。 ・りすさんがいたほうがもっと楽しい。 発終わりのあひるさんたちのような友達関係だとどんなよさがあるか。 ・みんな笑顔になれる。 ・助け合える。	◆評価の視点① ○顔の表情，○×などを用いて，二つの場面の友達観の比較を促す。 ○子供の発言に応じて，りすとあひるたちの立場や考えの「違い」を問い返すようにする。 (想定される問い返しの例) ●あひるさんたちは，りすさんのことをどう思っていたのか。 ●りすさんがいなくても，楽しさは変わらないか。
終末10分	4 学んだことについて振り返る。 ・友達と助け合おうとする意欲 ・これからの自分	・今日の勉強で友達のよいところをもっと見つけたいです。 ・みんなで助け合って，友達を増やしたいです。	◆評価の視点② ○3の学習活動や板書にある友達観に関わる言葉を用いて振り返りを書くよう促す。

(3) 評価の視点（①多面的・多角的な見方　②自分自身との関わり）

① いろいろな立場や考えの人が友達と言えるか，自我関与しながら考えようとしている。
② 友達と一緒にいることのよさについて，学習を基に考えを深めようとしている。

板書例

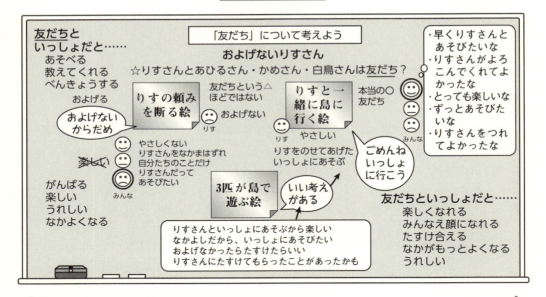

> **POINT** 本授業の中心場面!!
> ● あひる，かめ，白鳥の顔の表情を選択し，その理由を語る中で，互いの立場や考えの違いを超えて友達と仲よく過ごしたい心のよさに気付く場面

展開2　あひる，かめ，白鳥の顔の表情を選択し，その理由を話し合う。

発問　あひるさん，かめさん，白鳥さんは，泳げないりすさんがいないほうが楽しいのではないのかな。

・初めは楽しいと思ったかもしれないけど，りすさんと一緒に遊ぶほうがもっと楽しいと思った。
・最初は自分たちのことだけ考えていたけど，りすさんとは仲よしだから一緒に遊びたいと思ったのではないかな。
・確かにりすさんは泳げないけど，それなら，助けてあげればいいと思う。
・もしかしたら，あひるさんたちは，りすさんに助けてもらったことがあるかもしれない。

○前半場面のあひる，かめ，白鳥の表情を選択させた。すると，全員が☹を選んだため，上記のように問い返し，発言の理由に込められた友達観を板書に残していった。
○初めの場面に☺を選ぶ子供がいた場合には，終わりの場面の☺と比較し，「りすさんがいてもいなくても楽しさは変わらないのですか」などと問い返す予定であった。
◎人物の表情について選択肢を与えて選ばせることによって，思考を視覚化し，意見を引き出した。そして，理由を語らせる中で，泳げないから仲間はずれにするのではなく，仲よく過ごしたい，一緒に遊びたいと思う心のよさへの気付きを価値付けすることができた。

評価に生かす「よさを発揮した子供の姿」!!

●評価の視点①（多面的・多角的な見方）

「いろいろな立場や考えの人が友達と言えるか，自我関与しながら考えようとしていること」が評価の視点①である。そのために，自我関与しやすくする二つの手立てを取り入れた。一つが発問に対する○×の選択，二つが人物の表情の選択である。人物の表情の選択については，前述のとおりである。ここでは，○×の選択場面についての子供の姿から述べる。

T　　：りすさんとあひるさん，かめさん，白鳥さんは友達かな？　○×で言える？
A児：○だけど，○じゃないところもある。　　T：どういうことかな？
A児：初めは△だけど，終わりは○。
T　　：Aさんの言っていることに考えが近い人は教えて。
B児：最初は優しくない。自分たちのことだけ考えているから，友達と言うほどではない。
C児：だって，初めは「およげないからだめ」って言っているから仲間はずれで△。でも，最後は「ごめんね」って謝ったり，「一緒に行こう」って誘ったりしている。だから，Aさんと同じで終わりは○だと思う。
T　　：ということは初めと終わりで○×が変わるということかな？　自分の考えをグループの人にお話してごらん。（以下続く）

　A児の発言は二つの場面を比較して友達観を判断したものであった。A児の発言をきっかけに，B児，C児と発言が続いたが，A児の発言に賛成かどうか判断を促すために，グループでの話合いの場を設けた。子供たちは，○×の理由を述べる中で，自我関与しながら教材の人物の行為を判断したり心情を想像したりしていた。

選択肢をつくって思考の視覚化を

　道徳科の授業では，人物の心情や行為を基に発問を行い，共感的理解を図ったり，批判的思考を促したりすることが多い。また，発問に合わせて道徳ノートやワークシート等に書き込みをさせることも多い。しかし，思考の整理に時間がかかったり，書くこと自体に戸惑ってしまったりする子供の姿を見ることも少なくない。

　そこで，発問の仕方を変え，選択肢をつくって子供に選ばせる。活動をスモールステップ化することにより，自分の思考を視覚化し，選択した理由を考えやすくすることができる。また，他の子供の選択を見ることにより，自然に子供は自他の思考を比較し，多面的・多角的な見方を養うことにつなげることができる。

選択肢の例
① どれを選ぶか
・○△×
・☺☹☺
・ABC……　等
（ナンバリング）
② どのあたりか
・0〜100％
・グラフ　　　等

（藤元　崇彰）

学研　学図　教出　廣あ　光文　東書　光村

低学年　C　規則の尊重

黄色いベンチ
身近な物の使い方を考えながら，きまりを進んで守れるように！

1　教材活用のポイント

　子供は身の回りの物を大切に使おうとしている。しかしながら，学級文庫の本を乱雑にしまったり，クラスのボールをグラウンドに置いたままにしてしまったりすることがあり，公共物を大切に扱えていない姿も見られる。本実践では，みんなが使う物を大切に使うことのよさや，大切に使うために大事にしたい考えなどについて理解を深めさせたい。

　本教材は，主人公が泥まみれにしたベンチに女の子が座り，その姿を見てはっと顔を見合わせたところで話が終わる。そのときの気持ちを「①迷惑をかけて申し訳なかったと反省している気持ち」と「②自分の不注意を反省している気持ち」，「③おばあさんから怒られるようなことをしてしまったことに対して反省している気持ち」と大きく三つの反省した気持ちとして捉えた。それらの気持ちの良し悪しを比較させることで，子供が自分たちの話合いの中から自律的な考えのよさを捉えられるようにしたい。

2　学習内容の焦点化

- 悪気なく迷惑をかけてしまうことがあるが，周囲のことを考えることが，みんなが気持ちよく過ごすためには大切であること。
- 他人に言われるのではなく，自分からみんなが使う物を大切にしようとする気持ちをもつことが大切であること。

3　学習方法の視覚化

　ゲーム　身の回りの物を，主に自分だけが使う物とみんなが使う物とで分類し，それらを使うときの気持ちを交流させる。そうすることで，自分の物の使い方を想起したり，公共物について焦点を絞って話し合ったりすることができるようにする。

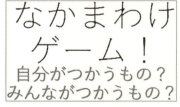

授業で使用したスライド

4　「分けて比べる」事柄

　気持ち　登場人物の気持ちを三つに分けて整理し，それらの良し悪しについて話し合わせることで，みんなのことを考える大切さや自律的に行動しようとする気持ちのよさについて理解を深められるようにする。

指　導　案

(1) ねらい　[低学年　C　約束やきまりを守り，みんなが使う物を大切にすること。]

　みんなが使う物を大切にできていなかったことに気付いたときの気持ちについて話し合うことを通して，周囲の人のことを考えて生活すると，みんなが気持ちのよい生活を送ることができることについて考えを深め，みんなが使う物を大切にしようとする心情を深める。

(2) 学習過程

	学習活動・学習内容	主な発問と子供の反応	○教師の支援／◆評価
導入 5分	1　仲間分けゲームをし，身の回りの物を使うときの気持ちを交流する。 ・物を使うときの気持ち	・自分の物もみんなの物も大事にしているよ。 ・みんなが使う物を汚く使っていることもある。	○本棚が整理されていない場面を提示し，公共物と自分の関わりに関心をもてるようにする。

みんなが使う物を大切にするために，大切なことは何かな？

	学習活動・学習内容	主な発問と子供の反応	○教師の支援／◆評価
展開 30分	2　範読を聞き，はっとした場面の考えを話し合う。 ・みんなが使う物を大切にできなかったときの気持ち 3　みんなが使う物を大事にするために大切な気持ちについて話し合う。 ・周囲のことを考えると，みんなが気持ちよく過ごせること	発 たかしたちは何がいけなかったと考えたのか。 ・①女の子に迷惑をかけた。 ・②夢中になっていた。 ・③怒られる。 発 次に公園に来たときに，物を大切にできそうな気持ちはどれか。 ・①だよ。何より迷惑をかけることはよくない。 ・③は同じことをまたやりそうだな。	○夢中になって迷惑をかけてしまった経験を交流させることで，自分の経験と照らし合わせて考えられるようにする。 ◆評価の視点① ○選択しなかった気持ちとその理由についても問うことで，友達の考えと比較しながら考えを深められるきっかけとなるようにする。
終末 10分	4　たかしたちに話しかける言葉を考え，ペアで動作化する。 ・みんなが使う物を自分から大切にしようとすること	発 たかしたちに何と声をかけるか。 ・僕も夢中になってしまったことがあるから，一緒に気を付けようね。	◆評価の視点② ○登場人物に共感的に話しかけることを促し，自分の考えや経験を基に，話しかける言葉を考えられるようにする。

(3) 評価の視点（①多面的・多角的な思考　②自分自身との関わり）

① みんなが使う物を大切にできそうな気持ちを比較しながら考えようとしている。
② 人の弱さや考えのよさを自分と重ねて話しかけようとしている。

板書例

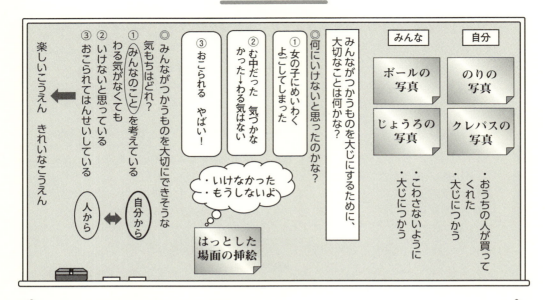

> **POINT** 本授業の中心場面!!
> ● 類別した気持ちを基に,今度たかしたちが公園に来たときに,みんなが使うものを大切にできそうな気持ちを選択し,その理由を話し合う場面

展開3 みんなが使う物を大事にするために大切な気持ちについて話し合う。

発問 次に公園に来たときに,物を大切にできそうな気持ちはどれか。

・①だよ。だって,迷惑をかけてしまったことに気が付いているからね。
・②もいけなかったと思っているよ。でも,夢中になってしまった気持ちは分かるけれど,迷惑をかけたのはよくなかったね。
・③は,人から言われて大切にしようとしているからよくはないのではないかな。①や②のように,自分から気を付けようとはしていないよ。

○それぞれの番号ごとに,選択した人数を書き,全体の考えの傾向を把握できるようにした。
○理由を自由に交流させた後,「似ているところや違うところはあるか」と問い,比較する視点をもつことができるようにした。
○「②の考えも,物を大切にしようとしているからよいのではないか」や「悪気があって迷惑をかけたのではないのだから,別によいのではないか」と問い返し,自律的な考えのよさやみんなのことを考えて生活することについて考えさせた。
◎共通点や相違点を基に比較させることで,ねらいに関わる考えを対話の中から表出することができた。また,質の異なる気持ちをあえて比較させることで,多様な考えに触れたり,自律的な考えに気付いたりするきっかけとなった。

評価に生かす「よさを発揮した子供の姿」!!

●評価の視点①(多面的・多角的な見方)

　授業では,三つの気持ちの中で最もよいと思うものを選択させると,迷惑をかけて反省している気持ちが最も多く,怒られるから反省している気持ちが最も数が少なかった。そこで,「怒られるから気を付けようとしている気持ちも,気を付けることと変わりはないのではないか」と問い返すと,「悪くはないけれど,結局自分のことしか考えていないし,また同じことをしそう」と,判断の根拠を発言する姿が見られた。根拠を交流することで,より理解を深めることができた。

挿絵

●評価の視点②(自分自身との関わり)

私も教室で遊んでしまって,花瓶をつい壊してしまったことがあったよ。一緒に気を付けていけるとよいね。

たかしくんたちのついやってしまった気持ちがわかるよ。けれど,やっぱりみんなのことを考えられるとよいね。

人物の気持ちを基に経験を語ろうとする姿　　　人物の気持ちから生き方を考えようとする姿

振り返りについて

　振り返りというと,ワークシートやノートに文章を書く活動が一番に思い付くが,書かせる方法も多様に考えられる。例えば,手紙の形式にして,登場人物に伝えたい思いを書かせたり,低学年であれば,本時で学んだ道徳的価値のよさを,ハートの大きさや色で表したりしてもよい。高学年であれば,思考ツールを用いることもある。

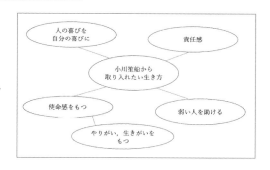

　今回の実践では,登場人物の友達になり切って,話しかける言葉を動作化して考えさせた。ペアの組み合わせを変え,友達と対話をする中で,考えの深まりがあったようである。子供の発達段階や本時のねらいに照らし合わせて,振り返りの方法も多様に考えることが大切だ。

(久保田　高嶺)

学研　学図　教出　廣あ　日文

低学年　C　家族愛，家庭生活の充実

きつねとぶどう
親の無私の愛情に気付ける人に！

1 教材活用のポイント

　親が我が子を大切に思う気持ちに，子供は気付いている。しかし，その思いの深さに気付いている子供は少ない。そこで，各家庭の状況に配慮しつつ，子が親を思う気持ちと，親が子を思う気持ちを比べることで，親が子を大切に思う気持ちへの気付きを深めるようにする。

　また，子ぎつねは，最後の場面で，母ぎつねが，命を落としてまで自分を守ってくれたことに気付く。母ぎつねの深い愛情を感じ，温かい気持ちになったり，二度と会えないという寂しい気持ちになったり，これまで一緒に過ごしていたときに，母ぎつねにいろいろなことをしてあげたかったと後悔したりする。それらの中の後悔する気持ちに着目させ，親のためになることを行いたいという意欲を培うことが大切である。

2 学習内容の焦点化

- 親が子を大切に思う気持ちについての考えを深めること。
- 親のためになることを行いたいという意欲をもつこと。

3 学習方法の視覚化

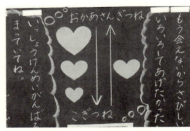
両者の気持ちの大きさを表したハートマーク

ハートマーク　最後の場面で，子ぎつねが母ぎつねを思う気持ちと母ぎつねが子ぎつねを思う気持ちをハートの大きさで表現させることで，母ぎつねが子ぎつねを思う気持ちの深さに気付くことができるようにする。

じゃんけん　評価の視点の一つである「自分自身との関わり」に関することとして，自分と比べながら考えたかどうかをグー，チョキ，パーで自己評価できるようにする。

4 「分けて比べる」事柄

母と子の思い　子ぎつねが母ぎつねを思う気持ちと，母ぎつねが子ぎつねを思う気持ちを板書上で対比的に分けて示すことで，双方の気持ちを比較しながら，共通点や相違点を見出すことができるようにする。

子ぎつねの思い　最後の場面の子ぎつねの思いを，嬉しい気持ちと寂しい気持ち，後悔する気持ちの三つに分けて板書し，後悔する気持ちに着目させることで，親のためになることをしたいという思いについて考えを深めることができるようにする。

指 導 案

(1) ねらい ［低学年 C 父母，祖父母を敬愛し，進んで家の手伝いなどをして，家族の役に立つこと。］

　親子が相互にもっている気持ちについて話し合うことを通して，親が子を大切に思う気持ちについての考えを深め，家族のためになることを行いたいという意欲と態度を培う。

(2) 学習過程

	学習活動・学習内容	主な発問と子供の反応	○教師の支援／◆評価
導入 5分	1 親が自分にしている行為について発表する。 ・親に対する関心	発親（おうちの人）が自分のためにしていることは何か。 ・洗濯　・ご飯作り　・掃除	○自由に発表させることで，親に対する関心を高める。

「きつねとぶどう」を読んで，おうちの人の心について考えよう。

	学習活動・学習内容	主な発問と子供の反応	○教師の支援／◆評価
展開 35分	2 最後の場面の子ぎつねの気持ちについて話し合う。 ・親に愛される喜び ・親を失った悲しみ ・親にしてあげたかったことをできなかった後悔	発「おかあさん」と言ったとき，子ぎつねはどんなことを思っただろうか。 ・自分のためにありがとう。 ・もう会えなくて寂しい。 ・一緒にいたときに，もっと何かすればよかった。	○「もっと一緒にいることができれば，どんなことをしたかったか」などの問い返しをすることで，後悔する気持ちに着目できるようにする。
	3 子ぎつねと母ぎつねの気持ちを比べて話し合う。 ・親を大切に思う子の愛情 ・子を大切に思う親の愛情 ・子のもつ愛情よりも深い親の愛情	発母ぎつねの気持ちの大きさは，子ぎつねと同じか。 ・同じ。子ぎつねも母ぎつねも，同じくらい好きだから。 ・違う。母ぎつねは，命を落としてまで，子ぎつねを守ろうとしたから。	○親子の愛情についてハートの選択と理由で説明できるようにする。 ◆評価の視点①

	学習活動・学習内容	主な発問と子供の反応	○教師の支援／◆評価
終末 5分	4 親に対する思いを，ワークシートに書く。 ・家族の役に立とうとする意欲と態度	・おうちの人（親）は，いつも心配してくれてうれしい。僕も家族のためになることをしたいな。	◆評価の視点② ○自分と比べたかをグー，チョキ，パーで選ぶ。

(3) 評価の視点（①②ともに，自分自身との関わり）

① 子を思う親の気持ちについて，自分と比べながら捉えようとしている。
② 親の思いを，これまでの自分の経験を想起しながら考えようとしている。

板書例

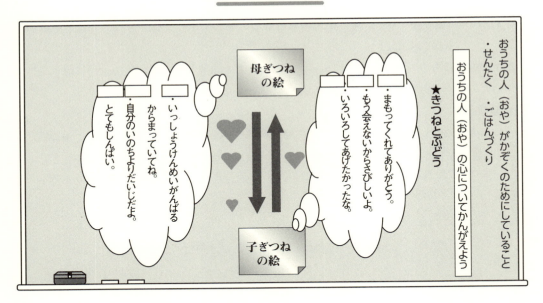

POINT 本授業の中心場面!!
● 母ぎつねの思いを深く追究することから、親の無私の愛情に気付いていく場面

展開2 最後の場面の子ぎつねの気持ちについて話し合う。

発問 「おかあさん」と言ったとき、子ぎつねは、どんなことを思っているだろうか。

・お母さん、命を落としてまで、自分を守ってくれてありがとう。
・もう二度と会えないから寂しいよ。
・一緒にいたときに、お母さんのためになることをしたかったよ。

○まず、母ぎつねの気持ちを考えさせ、吹き出しに板書した。次に、母ぎつねに対する子ぎつねの気持ちを考えさせ、吹き出しに板書した。

展開3 子ぎつねと母ぎつねの気持ちを比べて話し合う。

発問 母ぎつねの心の大きさは、子ぎつねの心の大きさと同じか。

・子ぎつねの心と違って大きいと思う。母ぎつねは、子ぎつねを心配しているから。
・子ぎつねの心と同じだよ。だって、子ぎつねも母ぎつねも、同じくらい好きだと思うから。
・子ぎつねの心と違って大きいと思うよ。だって、母ぎつねは、命をかけてまで、子ぎつねを守ろうとしたから。

○子ぎつねの気持ちをハートで表した後、母ぎつねの気持ちをそれと同じ大きさ、それより小さい大きさ、それより大きい大きさのハートの3種類から選択できるようにした。

◎子供が選択したハートの大きさにずれが生まれたことで、子供は意欲的に、母ぎつねの気持ちを深く考えることができた。

評価に生かす「よさを発揮した子供の姿」!!

●**評価の視点①（自分自身との関わり）**

　母ぎつねの子ぎつねを思う気持ちについて，自分と比べながら捉えることが，評価の視点①である。展開２で，母ぎつねの子ぎつねを思う気持ちを想像させた後，「これらの意見の中で，どの気持ちがよく分かるか」と問うた。

> Ａさんが言った「とても心配する」というのは，よく分かるよ。だって，僕のお母さんも，学校に行くとき，いつも心配してくれるから。

> 私もＡさんが言った「とても心配する」というのは，よく分かるよ。だって，私が熱を出したとき，お母さんはとても心配していたから。

●**評価の視点②（自分自身との関わり）**

　親の思いを，これまでの自分の経験を想起しながら考えることが評価の視点②である。終末で，「自分のことより子を思うおうちの人（親）についてどう思ったか」と問うた。

> お母さんは，いつも僕を心配してくれている。僕もお母さんのためになることをしたいな。

> お母さんのことは大好きだよ。だから，これからも，お手伝いをいっぱいしていきたいな。

考え，議論する授業にする工夫

　考え，議論する授業にするために，次の２点を工夫した。

　１点目は，事前に教材を読ませておくことである。本教材は文章が長く，低学年の子供にとって，読解することに時間を要する。内容を理解する段階で，時間を要すれば，ねらいとする道徳的価値について話し合う時間を割くことができなくなる。したがって，朝学習の時間に範読し，内容を理解させ，子供たちが同じ土俵で話し合うことができるようにした。

　２点目は，発言された意見にネームカードを貼ることと，出された意見について，比較する発問を投げかけることである。例えば，「どちらに賛成か」，「どれに納得できるか」などの発問を投げかける。そうすることで，子供は，「○○さんの意見に賛成です。なぜなら〜」というように，ネームカードを活用しながら，話合いを深めることができる。本実践では，「これらの意見の中で，どの気持ちがよく分かるか」と本人の納得を大切にした投げかけを行った。

（南　直樹）

| 教出 | 廣あ | 日文 |

| 低学年 | D | 自然愛護 |

虫が大すき―アンリ・ファーブル―
生き物に対する優しさを先人の行動を比較することで学ぶ！

1　教材活用のポイント

　2年生の子供は，生活科の学習を中心に，動植物を大切に育てたり，観察したりする経験を積んでいる。したがって，この教材は，「動植物に対して興味をもったり不思議に思ったりすることも優しさにつながること」への考えを深めること，また，「動植物を飼わなかったり，逃がしてやったりすることも優しさであること」への気付きを深める教材である。

　本教材は，ファーブルと虫との心豊かな関わりが表現されている。虫に対して，興味や疑問をもったり，感謝の気持ちをもって逃がしてやったりするファーブルの姿に，子供は感銘を受けるであろう。その姿から，動植物に思いを馳せることが優しさであることを捉え，自己のよりよい生き方につなげさせることとした。

2　学習内容の焦点化

- 動植物に対して興味をもったり不思議に思ったりすることも優しさであること。
- 動植物を飼わなかったり，逃がしたりすることも優しさであること。

> ファーブルが虫を観察している場面絵の，虫めがねと周りの生き物を隠して提示した。子供は，隠されたところに何が描かれているのかが気になり，教材や本時の価値に関心をもつことができた。
>
> ブラインド表示の仕方

3　学習方法の視覚化

ブラインド表示　導入で，生活科の学習で植物を観察している様子の画像をブラインド表示し，動植物と自分との関わりに関心をもつことができるようにする。

穴埋め　「ファーブルは○○な心で虫とかかわった」と空欄に入る言葉を考えさせることで，ファーブルの虫に対する優しさについて考えることに見通しをもつことができるようにする。

4　「分けて比べる」事柄

行動と心情　挿絵を基に，虫を探したり観察したりしている気持ちを比べさせることで，それぞれの行動やそのときの気持ちのよさについて考えを深めるきっかけとなるようにする。

指　導　案

(1) ねらい ［低学年　D　身近な自然に親しみ，動植物に優しい心で接すること。］

　動植物に対する優しさについて話し合うことを通して，動植物を不思議に思ったり，飼わずに見守ったりすることも，動植物に対する優しさであることについて考えを深め，動植物に優しい心で接しようとする態度を培う。

(2) 学習過程

	学習活動・学習内容	主な発問と子供の反応	○教師の支援　／　◆評価
導入5分	1　動植物と関わっているときの気持ちを交流する。 ・動植物と自己との関わり	・大きくなって嬉しいと思ったよ。 ・他の生き物とはあまり関わったことがないな。	○生活科の様子を提示することで，気持ちを具体的に想起させる。

生きものと関わるときに大切にしたい心とは何かな？

	学習活動・学習内容	主な発問と子供の反応	○教師の支援　／　◆評価
展開30分	2　教材を読み，動植物に対して優しくしているときの気持ちを話し合う。 ・動植物に優しくしているときの気持ち 3　ファーブルの虫に対する優しさについて比べて話し合う。 ・興味をもったり不思議に思ったりする優しさ ・飼わなかったり逃がしたりすることも優しいこと	発ファーブルは虫と関わって何を思ったか。 ・虫を探して楽しいな。 ・虫を見て不思議だな。 ・見せてくれてありがとうという気持ちだったよ。 発どの気持ちのファーブルが優しいか。 ・虫のことを知ろうとすることは優しいね。 ・捕らないで見守ることは，虫にとって一番嬉しいことかもな。	○気持ちを吹き出しに整理し，共感的に理解を深められるようにする。 ○ネームプレートを用いて選択させ，理由を説明することができるようにする。 ◆評価の視点① ○一番優しいと思う気持ちを選択し，その理由を交流させることで，動植物に対する優しさの考えを深めさせる。
終末10分	4　自分が取り入れたい優しさについてノートに書く。 ・自分が取り入れたい優しさ	・今まで虫を捕って遊んでいたけれど，今度からはできるだけ取らないようにしたい。	◆評価の視点② ○自分に取り入れたい優しさを選択する。

(3) 評価の視点（①多面的・多角的な見方　②自分自身との関わり）

① 動植物と関わるときの複数の気持ちを基に，動植物への優しさについて考えようとしている。

② 動植物への優しさについて，自分自身の生活や経験と比べながら考えようとしている。

板書例

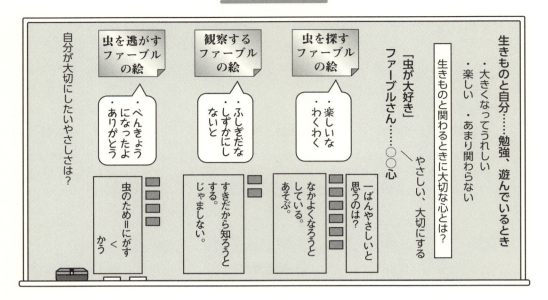

POINT 本授業の中心場面!!
● ファーブルの優しさについて話し合う場面

展開3 ファーブルの虫に対する優しさについて比べて話し合う。

発問　どの気持ちのファーブルが優しいと思うか。それはなぜか。

・ファーブルさんは優しいよ。虫が好きだから知ろうとしているのだよ。
・逃がしてあげようとするファーブルさんだって，優しいと思うよ。いつまでも自分のところに置くよりも，自由にしてあげるほうが喜ぶと思ったのではないかな。
・でも，きちんと育てるのなら，飼うことはよいと思うよ。自分は生き物が好きだからきちんと育てられるよ。

○自分が優しいと感じる気持ちにネームプレートを貼らせることで，自分が聞きたいと思う考えについて尋ねたり，それに答えたりし，話合いが深まるようにした。
○「ネームプレートの数が少ない考え＝無自覚的な道徳的価値」であると捉え，問い返しを行い，理解を深められるようにした。
○優しさについて話し合った後，自己の経験を交流させた。子供の中には，「自分は虫を触るのは好きではないけれど，本を読むことは好きだよ。自分にも優しくできることがあったのだな」と，虫との直接的な触れ合い以外の関わり方を見出す姿が見られた。
◎ファーブルが虫を眺めて観察したり，逃がしてやったりする姿に関心をもち，生き物を飼うことの是非について話合いが行われた。ネームプレートで思考を可視化することで，子供の思考が明確になり，話合いのコーディネートの手立てとして有効であった。

評価に生かす「よさを発揮した子供の姿」!!

●評価の視点①（多面的・多角的な見方）

ファーブルが一番優しいと思うときの気持ちを選択させた場面のことである。下のように意見の対立が見られた。その際のことである。

捕まえることの是非について、虫の立場に寄り添ったり、自分たちと虫が関わっている場面をいろいろと仮定したりして、よりよい関わり方を考えている発言が見られた。

●評価の視点②（自分自身との関わり）

「虫をいつまでも飼わずに、逃がしてあげるところが優しいと思った」という発言に対して、生き物が好きなA君は、「でも、自分は生き物大好きだし、優しく飼っているよ」と反論をした。すると、他の子供たちが、「それならいいと思う。生き物も嬉しく思ってくれるかもしれない」と反応し、自分たちのよりよい関わりを見出そうとする姿が見られた。自分の経験を語ろうとする姿を価値付け、道徳科の見方・考え方を毎時間育んでいきたい。

自己を見つめる支援について

低学年の子供にとって、自己を見つめることは、客観的な思考が必要とされるため難しい場合がある。本実践では、生活場面を提示する際に、ブラインド表示を行った。一部分を隠された画像が提示されると、隠されたところに何があるか興味をもつ。本時のねらいに即して、導入で学習内容を焦点化することができた。

また、日頃から、授業と日常生活とを照らし合わせるような活動を仕組むと、授業の中で、自分の経験を語る姿が見られるようになる。筆者は、2年生の学級で、週一回「道徳作文」を宿題としている。その週の道徳授業から、子供がテーマを決めて、一週間の生活を振り返る。少しずつ、自己を見つめる経験やその楽しさを味わっているようである。

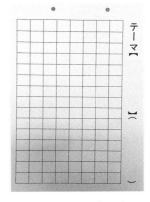

（久保田　高嶺）

学図　廣あ　東書　光村

中学年　A　正直，誠実

ぬれた本（ぬれてしまった本，びしょぬれの本）
自分に対して正直に生きたい

1　教材活用のポイント

　過ちや失敗を犯したときに，自分の過ちを素直に認め，正直になることが自分らしさを発揮することにつながる。そこで，この教材では，自分が過ちや失敗を犯したと判断したときには，素直に反省し，正直に伝えるなどして改めることのよさや自分の気持ちに対して正直に生きようとすることの気高さやすがすがしさ，難しさを考えていくことができるようにする。

　主人公であるリンカーンは，借りた本を濡らしてしまったことによる葛藤の中，正直に伝えることを選択する。正直に伝えるという選択が，自分の感じている後ろめたさを乗り越え，解決していこうとする生き方につながることに気付くことができる。さらに，正直に伝えた後も，3日間働いたことを批判的に考えていくことで，「謝りたい」，「納得いくまでお詫びをしたい」という自分の気持ちに対しても正直になったことの気高さを感じ取らせたい。

2　学習内容の焦点化

- 正直な行動は，相手の気持ちも自分の気持ちも考えていること。
- 正直な行動が取れなかったとき，他者からの信頼をなくしたり，後悔や自責の念が生じたりすること。

3　学習方法の視覚化

吹き出し黒板　教材を範読する際，考えさせたい場面の登場人物の台詞を吹き出し黒板で提示することで，登場人物に自己を投影しながら正直について考えることができるようにする。

吹き出し黒板

4　「分けて比べる」事柄

価値　相手に対する正直さと自分に対する正直さを分けて比べることで，正直な行動について多様な視点から考えることができるようにする。

場面　正直に伝えることを決めた場面と働くことを決めた場面を対比的に分けて比べることで，自分の気持ちに対する正直さについて考えを深めることができるようにする。

指 導 案

(1) ねらい ［中学年　A　過ちは素直に改め，正直に明るい心で生活すること。］

　自分に正直な行動と他者に正直な行動の違いについて話し合うことを通して，正直に生活することのよさに気付き，自分の気持ちに対して正直な行動を取ろうとする判断力を高める。

(2) 学習過程

	学習活動・学習内容	主な発問と子供の反応	○教師の支援／◆評価
導入5分	1　正直な行動について考える。 ・正直な行動への関心	・うそをつかないこと。 ・本当のことを言うこと。 ・自分が悪いことをしたときに隠さずに言うこと。	○「正直とは何か」。直接的に投げかけ，正直について考えていこうとする意欲を引き出す。

正直について考えよう。

	学習活動・学習内容	主な発問と子供の反応	○教師の支援／◆評価
展開30分	2　正直にすることのよさや正直にできないときの後ろめたさについて話し合う。 ・正直のよさ ・正直にできないときの苦しさ	発リンカーンはなぜ，お詫びに行くことを決めたのか。 ・黙っていたら，相手が嫌な気持ちになるから。 ・相手からの信頼を失うから。	○互いの立場から行動の意味を考えるよう促す。 ○行動に焦点化して問い返すことで，互いに分かり合うために大切なことを納得解として導き出すことができるようにする。
	3　自分の気持ちに対する正直について話し合う。 ・自分の気持ちに対する正直さ ・自分の気持ちに対して正直になることの難しさ	発リンカーンが働いたことをどう思うか。 ・まだリンカーンの心はすっきりしていなかったのかな。 ・自分の「謝りたい」という気持ちに正直になったと思うよ。	◆評価の視点① ○正直に伝えることを決めた場面と働くことを決めた場面を比べることで，自分の気持ちに対する正直さについて考えを深めさせる。
終末10分	4　正直な行動についてノートに振り返りを書く。 ・正直になりたい気持ちの高まり	・これからは，相手も自分も気持ちよくなれるように正直になりたいな。	◆評価の視点② ○自分の経験を踏まえながらノートに振り返りを書かせる。

(3) 評価の視点（①多面的・多角的な見方　②自分自身との関わり）

① 正直について多様な視点で捉えた上で，自分に対する正直について考えようとしている。
② 正直について自分自身の経験を関連付けて学習している。

板書例

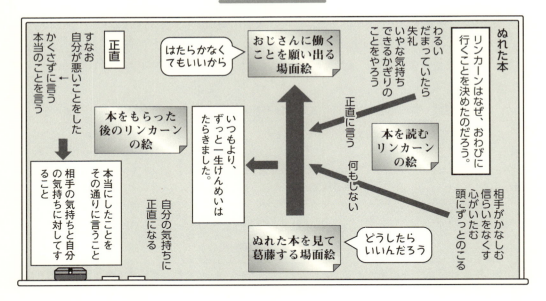

> **POINT** 本授業の中心場面!!
> ● リンカーンの自分の気持ちに対する正直さに触れ，自分事として考えていく場面

展開3 自分の気持ちに対する正直について話し合う。

発問 リンカーンが働いたことをどう思うか。

- 謝るだけでは，まだリンカーンの心は晴れていなかったのだろう。だから，本当にお詫びをしようとする気持ちがあるのだと思った。
- 僕だったら，外に遊びに行くけれど，リンカーンはまだ悪いと思って一生懸命働いていてすごいと思った。
- 僕は悪いと思って遊ぶ。「謝りたい」と思って遊ぶのはモヤモヤするけれど。
- 一生懸命働いていて正直だと思う。自分の「まだ，謝りたい」という気持ちにも正直になっている。

○一人の子供が「僕だったら」と自分とリンカーンを比べながら発言したことを価値付けたことで，自分事としてリンカーンの行動について語る姿が見られるようになった。そのことが，自分の気持ちに正直になることの気高さや難しさへの実感につながった。

○吹き出し黒板を活用して，リンカーンが働いた場面に焦点化した後，その行動について批判的に考えさせた。子供の「働くことが正直」という発言に対して，「○○さんが言いたいのは，どういうことか？」と問い返し，自分の気持ちに対する正直について考えを深めた。

◎ねらいにつながる子供の言葉（本実践では，「働くことが正直」）をいくつか予想しておくことで，深めていくポイントが明確になった。問い返しの効果が発揮されたと言えよう。

評価に生かす「よさを発揮した子供の姿」!!

●**評価の視点②（自分自身との関わり）**

終末において，本時の学習内容を基に振り返るよう促した。振り返りの際に，道徳ノートに書く活動を仕組む。書くことを通して，自己を深く内省し，これからの自分の生き方を考えることにつなげている。だからこそ，振り返りをしっかり書くことに価値があることを全体の場で伝えている。その振り返りの内容（例）を示す。

> ぼくは、今日べんきょうして、正直を三つ見つけました。
> 一つ目は、あやまりたいという気持ちが正直に出たと思います。
> 二つ目は、自分に対しての正直です。あやまりたことを考えたから、正直にあやまったと思います。
> 三つ目は、自分の正直です。自分の気持ちをよくするためであれば、ほかに何かできることをして、あやまったままでも、自分の気持ちをよくしたいと思いました。

子供の振り返りノートへの記述（例）

・A児：最初は，正直が何か聞かれても分かりませんでした。けれど，今日の勉強をして，正直は，うそをつかないで本当のことをその通りに言うことだと思いました。

・B児：〇〇さんが言った「自分の気持ちに正直になる」ことが正直だと思いました。自分が謝りたくて謝ることが正直な行動だからです。

・C児：わたしは，正直に言わないときが多くて，もし，正直に言うと怒られると思って正直に言わないことがありました。今度から，正直に言うと自分のうそをつく心にもかてるから正直に言いたいと思いました。

どの振り返りも，本時の学習をきっかけにして，それぞれに自己を見つめ直していることが伝わってくる。

つまずきのある子供への手立て

子供の思考を促す板書は，視覚化の最大のツールとも言える。子供一人一人が道徳的価値の理解を深めていくためには，板書を活用しながら思考の共有化を図ることも有効である。その一つの方法として，板書を使って話合いを整理する方法がある。本実践でも，授業の途中で，話合いを整理する時間を確保した。板書上の子供の考えを指しながら「正直にするときは，このような心が働くのだね」と整理し，その後の展開へとつなげた。次から次へと表出される仲間の考えを聞くことに困難さを感じている子供にとっても，ポイントで立ち止まり，共有する時間を確保することが大切であろう。

板書を活用した思考の共有化

（岡本　貴裕）

| 学図 | 教出 | 廣あ | 日文 |

| 中学年 | A | 正直，誠実 |

まどガラスと魚
過ちを認め，乗り越え，明るい気持ちで正直に生きる人に！

1　教材活用のポイント

　過ちを認め，改めていく素直な心が大切なのは，この期の子供たちも理解しているが，いざそういった場面で行動に移すのは，ハードルが高い場合も多い。そこで，この教材では，「過ちをごまかし，気にして生活することより，自分の非を認めて改めることのほうが，伸び伸び過ごすことができること」への考えを深める。また，「過ちを素直に改めることのすがすがしさに気付くことで，正直に生きようとする気持ちが大きくなること」への気付きを深められるように指導することが大切である。

　まどガラスを割って友達と一緒に逃げて，正直に話せず，悶々としている進一郎にとって，自分の猫が魚を取ってしまったことを認め，取られた家を探して謝る山田さんのお姉さんは，今後の生き方を考えるキーパーソンである。

　自分の過ちによって不快な思いをしている人がいることにも気付き，ごまかさない正直な生き方こそがすがすがしく生きることの大切な要素であることを子供に感じ取らせることが重要である。

2　学習内容の焦点化

- 過ちをごまかしてそれを気にして生活することよりも，自分の非を認めて改めることのほうが，伸び伸び過ごすことができること。
- 誠実に過ちを改めることのすばらしさに気付くことで，自分も正直に生きようとする気持ちが大きくなること。

役割演技用場面絵

3　学習方法の視覚化

ワークシート　終末の段階において，自分が，主人公進一郎の兄や姉になったつもりで，どのようにしたらいいかアドバイスの手紙を書く。そのときに，自分の正直に振る舞った（または，できなかった）体験を含めて書くようにする。

4　「分けて比べる」事柄

心情　窓ガラスを割ったときの「かけ出した」と翌日の貼り紙を見たときの「かけ出した」という同じ行動での主人公の心情の違いを考えるようにする。

人物　進一郎と山田さんのお姉さんの思いや考えの違いを考えられるようにする。

指　導　案

(1) ねらい　[中学年　A　過ちは素直に改め，正直に明るい心で生活すること。]

　過ちをしてしまった後の行動によって生じる気持ちの変化や，正直に行動することのよさを話し合うことを通して，「過ちをごまかし，それを気にして生活すること」よりも，「自分の非を認めて改めること」のほうが，ずっと伸び伸び過ごせるようになることについて考えを深め，過ちを正直に改めようとする態度を培う。

(2) 学習過程

	学習活動・学習内容	主な発問と子供の反応	○教師の支援　／　◆評価
導入5分	1　正直に行動できた・できなかった経験を発表する。 ・正直に行動できた・できなかった気持ち ・正直についての関心	・ゲームの時間を守らなかったけれど，うまくお家の人をごまかした。 ・みんなで「正直」について考えよう。	○正直に行動できた・できなかった場面を尋ね，自由に発表させることで，正直に対する関心を高める。

「まどガラスと魚」を読んで，正直に生きることについて考えよう。

	学習活動・学習内容	主な発問と子供の反応	○教師の支援　／　◆評価
展開30分	2　ガラスを割ったときと翌日の貼り紙を見たときの進一郎の気持ちを比べて話し合う。 ・過ちを正直に認めることの難しさ 3　進一郎が山田さんのお姉さんの様子を見て考えたことを話し合う。 ・正直に過ちを認める大切さ ・過ちを改め誠実に生きようとする意欲	発まどガラスを割ったときと貼り紙を見たときに「かけ出した」気持ちはどう違うのか。 ・謝ったほうがいいという気もプレッシャーもますます強くなっていく。 発進一郎はどんなことを考えただろうか。 ・やっぱり謝ったほうがいいな。 ・正直に言ったほうがすっきりする。	○それぞれの気持ちを想像させ，動作化することで共感的な理解を図る。 ◆評価の視点① ○教師が問い返しを行い，それぞれの気持ちの違いの考えを深めさせる。 (想定される問い返しの例) ○同じ「かけ出した」だけど，気持ちも一緒かな。 ○「悪いことした」と両方思っているのではないの？
終末10分	4　アドバイスの手紙を書く。 ・正直に生きることへの意欲	・僕も，似たようなことがあったけれど，すぐに正直に謝れるようにするといいよ。	◆評価の視点② ○机間指導を行い，「自分が兄姉なら？」など助言する。

(3) 評価の視点　(①多面的・多角的な見方　②自分自身との関わり)

① 状況や相手の気持ちを踏まえ，正直に過ちを認め，改めることを考えようとしている。
② 自分の体験を想起し，正直に生きることについて考えようとしている。

板書例

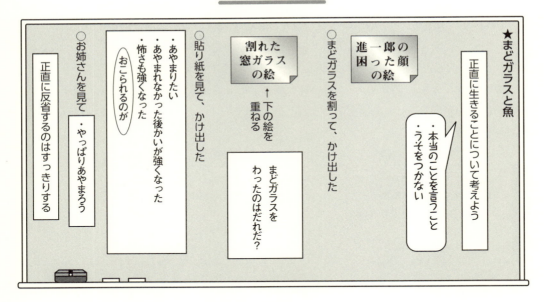

POINT 本授業の中心場面!!
● それぞれの状況での気持ちの違いを擬似体験する場面。

展開2 まどガラスを割って「かけ出した」ときと翌日に貼り紙を見て「かけ出した」進一郎の気持ちを比べて話し合う。

発問 まどガラスを割った直後と次の日にわざわざ遠回りして,「ガラスをわったのはだれだ?」という貼り紙を見たときと,同じようにかけ出したけれど,気持ちは同じでしょうか。違うのでしょうか。

・割った瞬間から,謝らないといけないのは分かっている。悪いことをしたと思っているのは同じだけれど,謝らないとという気持ちがどんどん強くなってきている。
・怒られる怖さとか謝ることができていないからプレッシャーも強くなってきている。
・後悔の度合いが時間が経つにつれて,大きくなってきている。

○どちらとも同じ気持ちだという意見や違いがあるという意見を発表し合う中で,他者理解を深めた。
○二つの場面の状況を確認した後,黒板を舞台にし,割れた窓ガラスの上に「ガラスをわったのはだれだ?」という貼り紙を貼る様子を見せ,進一郎の気持ちで同じところや違うところを話し合うことができるようにした。また,何人かの子供が黒板の前で役割演技を行った。
◎初めに,板書の中央に割れた窓ガラス,続いて,その窓枠に「ガラスをわったのはだれだ?」の紙を貼り付け,黒板の前に立って1回目と2回目の「かけ出す」について,比べて話し合うと,謝れない後悔の気持ちが強くなっていくという発言が見られた。

評価に生かす「よさを発揮した子供の姿」!!

●評価の視点②（自分自身との関わり）

　終末の段階で，進一郎の兄・姉になったつもりで自分の体験を含めてアドバイスの手紙を書き，ペアで見せ合った後，全体での話合いを行った。

発問　今から，みんなにはこの進一郎くんのお兄さん・お姉さんになってもらって，進一郎くんに今度からこういうときにどうすればいいかアドバイスの手紙を書いてもらいます。そのときに，この授業で話し合ったことに関係があって，みんなが今までに経験したことを入れて書いてあげると進一郎くんも分かりやすいと思います。

　このときに2種類の手紙のワークシートを用意して，どちらを選んでもいいことを指示した。書くことに慣れている子供は，「やっぱり割ってしまったときに謝りに行ったほうが，後々悩まずにすむからよい」という自分の思いから「うそをついてしまってばれたときのほうが大変だった」といった体験まで書いていく様子が見られた。書くことが苦手な子供は，手紙形式にするのは難しいところもあったが，「すぐにあやまったほうがいい」「にげずにあやまる」と記していた。

　書いた手紙を見せ合った後のペアの話合いでは，物を壊してしまったときの体験談などで，友達のそのときの思いに共感して，人間理解を深めた。「問題はその後，すぐ謝らないといけないのだけど……やっぱりなかなか」と，その後の取るべき行動を分かっていながら，行動に移せない子供もいて，話合いが盛り上がる様子が見られた。

選べるワークシート活用例

　書く手掛かりなどを記した手紙は，書くことが苦手な子供たちにとって有効である。また，自分の考えを自由に記したほうが表現しやすい子供たちもいるので，選べるようにしておく。この授業だけでなく，時折，このようなしかけをすると，子供たちは自分の好きなほうをスムーズに選ぶようになり，書くことに抵抗がなくなっていくと考える。

進一郎くんへ

＿＿＿＿＿＿＿＿＿＿＿＿＿＿＿＿

＿＿＿＿＿＿＿＿＿＿＿＿＿＿＿＿

＿＿＿＿＿＿＿＿＿＿＿＿＿＿＿＿

進一郎くんへ
① 進一郎くんは，これからどうすればいいと思いますか。

② 進一郎くんと似たような体験をしたことがありますか。あったら，教えてあげてください。

（藤井　隆之）

学研　学図　廣あ　日文　光村

中学年　A　節度，節制

金色の魚（黄金の魚）
誰にでもあるわがままを，どこで抑えるのか！

1　教材活用のポイント

「わがまま」な心は誰にでもあり，欲求もどこかで制限しないと限りがない。この教材では，「わがままな心には限りがないが，どこかで抑えることが大切であること」や「わがままをせず，節度ある生活をすること」への気付きを深めることができる。

この教材は，すべて場面絵で構成されており，おばあさんの欲求がますますエスカレートする様子と，それを端からあきれた顔で見つめるおじいさんと金色の魚の気持ちがよく表れている。それぞれの場面で，どこまでがわがままなのかを考えさせることを通して，自分事として考えさせることが重要である。

2　学習内容の焦点化

- 好き勝手，わがまま，自由行動はある程度でやめないと，後から反省しても，もう元に戻らないこと。
- 悪気なく迷惑をかけてしまうことがある。だからこそ，周囲のことを考えることが，みんなが気持ちよく過ごすためには大切であること。

3　学習方法の視覚化

ハートマーク　おばあさんの心の変化をハートで表し，わがままな心やわがままを抑える心の違いや理由を考えやすくする。

ネームカード　どの場面でより高い望みを止めていたらよかったのかをネームカードで表し，各自の望みや限度の違いやその理由を知りやすくする。

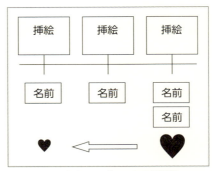

ハートマークとネームプレートの板書例

4　「分けて比べる」事柄

思い　ハートの大きさを比べることで，わがままな心と良心が反対であることに気付き，わがままがよくないことを深く考えるきっかけとする。

考え　場面絵を並べて，子供たち一人一人が止める頃合いをネームカードで示すことで，わがままや良心が誰にもあることについて考えを深めることができるようにする。

指　導　案

(1) ねらい　[中学年　A　自分でできることは自分でやり，よく考えて行動し，節度ある生活をすること。]

　　様々なわがままや好き勝手な行動を，ハートの大きさや直線上に表すことを通して，よく考えて行動することのよさについて考えを深め，節度ある生活をしようとする判断力を高める。

(2) 学習過程

	学習活動・学習内容	主な発問と子供の反応	○教師の支援／◆評価
導入5分	1　もうやめておけばよかったという経験を発表する。 ・誰でもあるわがまま ・わがままを抑える心への関心	・ゲームで勝っていたのに続けてやって負けた。 ・ふざけて遊んでいたら，最後にケンカになった。	○資料のおばあさんと同じ経験が誰にもあること，これからも起こり得ることに気付かせる。

おばあさんの態度について考えていこう。

展開30分	2　おばあさんの変わっていった態度を話し合う。 ・次々に欲が出てくる弱さ ・人によって異なる豊かさ ・わがままが過ぎると周りがあきれること 3　おばあさんはどこでわがままを抑えたらよかったか話し合う。 ・わがままの限界 ・わがままの不十分さ	発おばあさんの心はどうなっただろう。 ・だんだんとよい心が小さくなった。 ・わがままな心が膨らんでいった。 発どこまでだったら欲張りと言えないだろう。 ・新しい桶でやめておけばよかった。 ・新しい家までなら欲張りじゃない。 ・女王はさすがにひどい。	◆評価の視点① ○ハートが大きくなることや，小さくなること，塗った色を比べること等で，わがままや良心に気付けるようにする。 ◆評価の視点② ○直線上にネームプレートを貼ることで，自分や友達のわがままの感じ方の違いに気付かせる。
終末10分	4　これからの自分を，おばあさんから学んだことを通して振り返りを書く。 ・学習で学んだこと	発おばあさんの行動から学んだことは何か。 ・あまり欲張るとよくない。どこかで止めよう。	・今後の自分を，今までの自分と比べながら書くように促す。

(3) 評価の視点（①多面的・多角的な見方　②自分自身との関わり）

① わがままな心や良心についていろいろな観点から考えようとしている。

② わがままがよくないことを踏まえ，今後の生き方を考えようとしている。

板書例

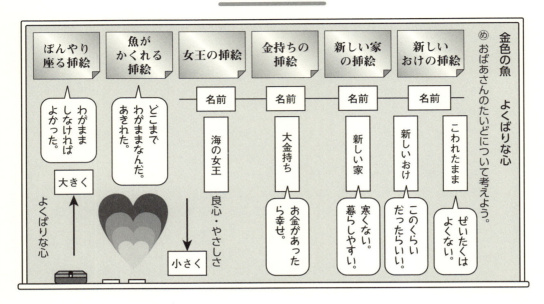

> **POINT** 本授業の中心場面!!
> ● 子供たちのわがままに対する本音を引き出す場面

展開3 おばあさんは，どこでわがままを止めていたらよかったのかを考える。

発問 どこで金の魚のお願いを止めていたらよかったでしょう。

- 「こわれたおけのまま」です。壊れた物は修理したら使えることがあるからです。
- 「新しいおけ」のときです。小さくても新しいのだから，もう十分だと思います。水もちゃんと汲むことができます。
- 「新しい家」のときです。あまり調子に乗らないほうがいいからです。
- 「お金持ち」のところです。お金があったほうがいいからです。

〇自分の考えをネームプレートで黒板に貼ることで，立場がはっきりできる。
〇どうしてそこに貼ったのか，その理由を紹介することで，立場の違う友達の考えに気付くことができる。
◎人によって要求するレベルの違いがあることに気付くことができた。また，同じ場所でも，いろいろな考え方があることに気付くことができた。一方で，貼った場所は違っても，「調子に乗らない」，「もう十分」，「欲張りすぎない」など，似たような意見が出てきた。立場は違うが，思いが同じというところに気付くことができた。そこで，「よくばり」，「わがまま」な価値にはいろいろあるのだな，ということに気付くことができた。

評価に生かす「よさを発揮した子供の姿」!!

●評価の視点2（自分自身との関わり）

　展開2では，おばあさんの心の変化をハートの大きさや色で表すようにした。「よくばりな心」や「良心（セーブする心）」をハートの大きさや色で視覚化し，見えない心を板書することで，お互いの思いを伝えやすいようにした。予想したとおり，「よくばりな心」や「良心（セーブする心）」それぞれの立場で考えて発表することができた。

・A児：だんだんと大きくなったと思います。それは，よくばりな心が増えていったからです。きっと，黒い色になっていったと思います。

・B児：だんだんと小さくなったと思います。それは，優しい心がなくなっていったからです。赤い温かい色から，だんだんと青い色に変わっていったと思います。

・C児：だんだんと，悪い心が大きくなったけれど，最後には反省して元の大きさになったと思います。でも，何もかもなくなったので黒色です。

　心は目に見えない。それを大きさや色で表すことで，子供たちの多様な見方・考え方を知ることができた。最後に，どこの大きさならよかったのかを考えることで，「よくばらないこと」，「ほどほどにすること」が大切であることに気付くこともできた。

　今回のハートは，いろいろな見方・考え方を知る上で有効であった。しかし，黒板に一組のハートしかなかったため，板書のみでは少し考えにくそうな面もあった。プリントを見せながら発表する，黒板に貼るなどの方法もあるが，教材提示装置などを活用する方法もあった。

終末思考を視覚化

　授業後に，「この授業が終わって，今，どこで止めておけばよかったと思うか」と聞いて，ネームプレートを動かしてもいいと言う条件を出したところ，ほぼ全員が右側（古いおけや，新しいおけのところ）に動いた。理由を聞くと，「よくばったら，最後には元に戻るのだからよくない。だから，古いおけのままでいいのじゃないかな。修理すれば使えるのだから」と，貼り替えながら話した。おばあさんの最後を見つめることで，欲張りは

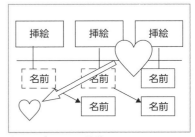

ネームプレートの移動

よくないことに気付くことができた。しかし，人間は，最後が見えないから欲張ってしまう生き物だと考えさせられた。「終末」の活動では，ネームプレートを動かすことで，授業を通しての子供たちの心の変化を知ることができた。また，子供たちも友達の様々な考え方に気付くことができて有効であった。

（内田　眞）

| 学研 | 学図 | 廣あ | 光文 |

| 中学年 | B | 友情，信頼 |

貝がら
広げよう！　友達の輪！

1　教材活用のポイント

　友達関係を築いていくためには、それぞれの生活環境や生活経験、ものの見方や考え方の違いを理解し合い、助け合うことが大切である。しかし、気の合う友達同士だけで仲間をつくって自分たちの世界を確保し、楽しもうとする傾向も見られる。そこで、この教材では、友達関係を築くために大切なことを考えることで、互いに分かり合うことのよさに気付かせ、主体的によりよい友達関係を築いていこうとする心情を深める。

　「ぼく」と中山くんの友達関係を2人の行動に焦点化して考えていく。中山くんが「ぼく」のお見舞いに貝がらを持って行った理由を考えるよう促すことで、友達の思いを少しずつ分かろうと積極的に話しかけたり、話を聞いたりする行動のよさを実感させることが重要である。

2　学習内容の焦点化

- 互いの思いを分かろうとすることが、主体的な友達との関わりを生み出すこと。
- 互いの友達の思いを分かりたいという気持ちが、自分も積極的に友達と関わっていこうとする気持ちにつながること。

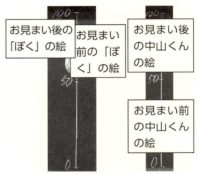

スケーリング

3　学習方法の視覚化

スケーリング　展開2と展開3で、「ぼく」と中山くんの「友達になりたい」という思いの大きさをそれぞれスケール上に配置させることで、目に見えない心の関わり合いを考えやすくする。また、関わり合いの前後における互いの思いの変容を比較して考え、友達同士で関わり合うことのよさを実感できるようにする。

4　「分けて比べる」事柄

思い　友達関係における互いの「友達になりたい」という思いの割合を数値化し、板書上に対比的に整理し、分けて比べることで、互いの立場に立って考えたり、友達関係そのものを俯瞰して捉えたりすることができるようにする。

指　導　案

(1) ねらい　[中学年　B　友達と互いに理解し，信頼し，助け合うこと。]

友達関係を築くために大切なことについて話し合うことを通して，互いに分かり合うことのよさに気付き，主体的によりよい友達関係を築いていこうとする心情を深める。

(2) 学習過程

	学習活動・学習内容	主な発問と子供の反応	○教師の支援／◆評価
導入5分	1　友達ができたときのことを想起する。 ・友達との関わり方	・一緒に勉強したり，遊んだりしたことで，友達ができたよ。 ・気が合うのが友達だね。	○自らの友達の在り方について問い，友達関係について考えるきっかけをつくる。

友達の輪を広げるために大切なことを考えよう。

	学習活動・学習内容	主な発問と子供の反応	○教師の支援／◆評価
展開30分	2　友達関係を築くために大切なことについて話し合う。 ・友達の気持ちを分かろうとするよさ	発 中山くんが「ぼく」の見舞いに貝がらを持って行ったのはどんな思いからか。 ・初めて2人が話した思い出だからだよ。 ・もっと仲よくなりたいと思ったのではないかな。	○互いの立場から行動の意味を考えるよう促す。 ○行動に焦点化して問い返すことで，互いに分かり合うために大切なことに気付くことができるようにする。
	3　友達と分かり合うことのよさについて話し合う。 ・友達との心の関わり合い ・友達と積極的に関わることの大切さ	発 「ぼく」と中山くんは仲よくなれるか。 ・友達になりたいという気持ちが高まっているから，仲よくなれると思うよ。	◆評価の視点① ○友達と仲よくなりたいというそれぞれの思いをスケール上に表し，比較させることで，互いの思いの大きさの違いや互いに分かり合うことの大切さを深めさせる。
終末10分	4　友達との関わり方についてノートに振り返りを書く。 ・友達との関わり方の深まり	・友達の大切さが分かったから，気持ちが分かり合えるように関わっていきたいな。	◆評価の視点② ○自分の経験を踏まえながらノートに振り返りを書かせる。

(3) 評価の視点（①多面的・多角的な見方　②自分自身との関わり）

① 互いの立場から友達の気持ちを分かり合うことのよさを考えようとしている。

② 友達関係について自分自身の経験を関連付けて学習している。

板書例

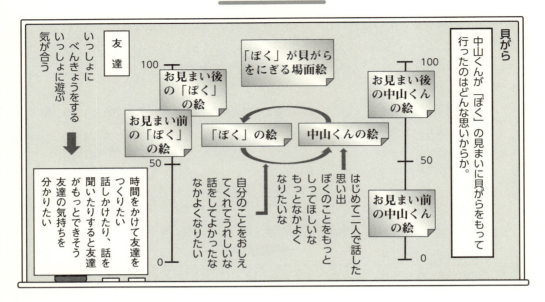

POINT 本授業の中心場面!!
● 友達関係を築くために大切な行動の基となる心の動きに焦点化した場面

展開1　友達関係を築くために大切なことについて話し合う。

発問 中山くんが「ぼく」の見舞いに貝がらを持って行ったのはどんな思いからか。

・貝がらの話は, 初めて2人で話した思い出で, 2人だけが分かることだからだよ。
・自分のことをもっと知ってほしいと思ったのではないかな。
・2人ともお互いにもっと仲よくなりたいと思えた行動だね。

○中山くんの行動に対する多様な考えを引き出すために, 道徳ノートに自分の考えを書くよう促した。子供は, 貝がらをお見舞いに持って行くことに疑問をもちながらも, 中山くんに自己を投影しながら, それぞれに分析し始めた。

○子供から表出された多様な考えを受けて, 中山くんと「ぼく」の「仲よくなりたい」度をスケールに表現させた。お見舞いの前より後のほうが, 互いに「仲よくなりたい」という思いが大きくなっていることを主張した。

○中山くんの行動について分析的に考えさせたことが, 互いの「友達になりたい」という目には見えない思いに気付いていった2人の友達関係に憧れ, 自分事として友達関係を見つめ直す場面となった。

◎友達関係を考えさせる際に, 板書上に対比的に整理したり, 互いの立場から考えるよう促したりしたことが, 本時のねらいでもある「互いに分かり合うことのよさ」に気付くことにつながった。子供一人一人が納得解を導き出すための支援の一つである。

評価に生かす「よさを発揮した子供の姿」!!

●評価の視点①（多面的・多角的な見方）

　振り返りの際，本時の学習における子供の納得解を共有する時間を設け，導入時の子供の考えと比べることができるようにした。板書上にも上下に対比的に整理することで，自分の考え方の変容に気付きやすくなると考える。

子供の考えの変容を板書から見取る

●評価の視点②（自分自身との関わり）

　以下は，終末において，子供がノートに書いた振り返りの内容（例）である。

- A児：わたしは，友達の誕生日や好きな食べ物は知っているけれど，気持ちまで考えていないと思いました。友達の気持ちをもっともっと考えると「ぼく」みたいにレベルがもっともっと上がり，友達と仲よくできるのかなと考えました。
- B児：友達とは，一緒に遊んだり，話したりする間にどんどんお互いのことを知っていくものなのかなと思いました。友達は，ぼくのことを考えてくれていると思うと，とてもうれしくなりました。これからも，友達を大切にしていきたいです。
- C児：わたしは，友達が言っていることの意味が分からないときがあります。あまり，話をしたことのない人もいます。今は，友達のことがあまり分からないけれど，今日の授業でもっと分かりたいと思いました。

問い返しの工夫

　子供たちが価値観を深めていく過程において，教師の適切な介入は欠かせない。その支援方法の一つに「問い返し」が挙げられる。学習過程で予期せぬ展開や発言に対応できる知的瞬発力や構想力などを備え，ねらいに向かう上で考えさせたい場面や子供の発言に対して「問い返し」を行っていくことが重要である。問い返しの例として，右のようなものが考えられる。

- どうしてそう思ったのか。
- ○○さんが言いたかったのは，どういうことか。
- 詳しく言うとどういうことか。
- この意見に賛成か。
- 違う意見はあるか。
- 今の意見をもう少し分かりやすく言うとどうなるか。
- どちらにも共通することは何か。

など

問い返し例

　本授業においても，「どうして貝がらを持って行くことが，もっと仲よくなりたいという思いになるのか」と問い返したことで，友達同士で分かり合うことのよさを深く考えていくことにつながったと考える。

（岡本　貴裕）

[廣あ] [東書] [日文] [光村]

中学年 ｜ C ｜ 伝統と文化の尊重，国や郷土を愛する態度

ふろしき
ふろしき体験で気付く，日本の文化に込められた，心の贈り物！

1　教材活用のポイント

　２年生国語の教材「ふろしきは，どんなぬの」で学習している地域や，家庭でふろしきを持っていたり使っていたりする家もあるが，ふろしきの知識や経験の蓄積に関しては，個人差が大きいと言える。そこで，まずは，教材文を通して，ふろしきのよさについて考えた上で，全員の児童が，実際にふろしきに触れたり，物を包んだりする時間を十分に確保することで，日本の伝統文化に関心をもてるようにする。

　また，ふろしきに包んで贈り物をすると，相手を敬う心や日頃の感謝の思いなど，贈り主の温かい心を感じることができる。歴史の中で，利便性を追求し，早く簡単に物事を済ませることができるように工夫をしてきたことはすばらしいが，あえて一手間加えることで相手に大切な心を贈ることができる日本の伝統文化のよさを子供に感じ取らせたい。

2　学習内容の焦点化

● 日本の伝統文化の中には，使い方を工夫すると，大変便利な物があるということ。
● 日本の伝統文化の中には，便利な一面だけではなく，使う場面や使い方によっては，相手を大切に思う心などを表現することができる物があるということ。

3　学習方法の視覚化・身体表現化

実　演　ふろしきの様々な包み方を，実際にゲストティーチャーに見せていただくことで，ふろしきのよさを実感できるようにする。

役割演技　ふろしきで包む体験をしたり，贈り物をする場面の役割演技をしたりすることで，日本の伝統文化のよさに気付くことができるようにする。

ゲストティーチャーによる演示

4　「分けて比べる」事柄

方　法　エコバッグ（紙袋でもよい）と，ふろしきの二つの方法で贈り物をもらう役割演技を行う。二つの方法を分けて比べることで，それぞれの特徴をつかみ，ふろしきならではのよさに気付くことができるようにする。

指　導　案

(1) ねらい　[中学年　C　我が国や郷土の伝統と文化を大切にし，国や郷土を愛する心をもつこと。]

　伝統文化のよさについて話し合った上で，体験や見学，役割演技を行うことを通して，その利便性や相手を思う心遣いに気付き，日本の伝統文化に親しんでいこうとする心情を深める。

(2) 学習過程

	学習活動・学習内容	主な発問と子供の反応	○教師の支援／◆評価
導入 5分	1　ふろしきは，何をするために使うか話し合う。 ・伝統文化への興味	・お祝いの品物を包むため。 ・何かを運ぶため。 ・包んで持って行くため。	○ふろしきの知識を発表させ，ふろしきに対する興味を高める。

　　　　　　　　　　日本に古くから伝わる文化のよさについて考えよう。

展開 35分	2　「まほうのぬの」に思えた理由を話し合う。 ・伝統文化のよさ	発どうして「まほうのぬの」のように思えてきたのか。 ・いろんな形の物を包めるから。	○読み聞かせの際に，包み方の写真を提示し，理解の一助とする。
	3　体験し，実演を見た後に，感想を発表する。 ・伝統文化への関心 ・伝統文化の利便性	発物を包み，実演を見たことで，どんなことを思ったか。 ・抱えると軽く感じた。 ・びん2本も包めてすごい。	◆評価の視点① ○全員が包む体験をし，ふろしきの利便性を実感できるようにする。
	4　贈り物をするときの役割演技を行い，印象の違いを話し合う。 ・礼儀正しくする心 ・相手を大切に思う心 ・上品さを求める心	発二つの方法はどう違うか。 ・エコバッグは入れるだけで，早い。 ・ふろしきのほうが，自分のことを大切にしてもらっている感じがする。	◆評価の視点② ○三つのポイントを意識して比べる。 ○贈り物をもらう立場で考えさせ，心遣いや上品さに気付かせたい。

終末 5分	5　他にも日本のよさを感じることができる物があることを知る。 ・伝統文化に親しんでいこうとする心情	発座布団を敷いてもらったら，どんな印象を受けるか。 ・自分のことを大切にしてもらっている感じがする。	○身の回りにある物を提示することで，他にも日本のよき伝統文化があることを実感する。

(3) 評価の視点（①自分自身との関わり　②多面的・多角的な見方）

① 日本の伝統文化に触れる活動を通して，伝統文化の利便性について考えようとしている。
② 贈り物をする方法の違いに着目することで，日本の伝統文化のよさについて考えている。

板書例

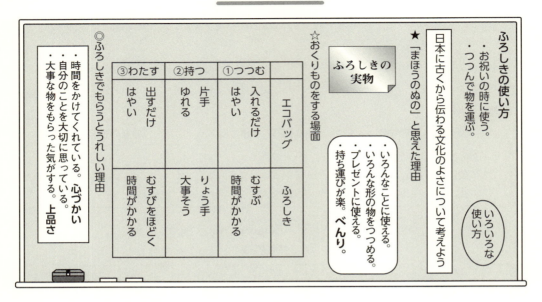

POINT 本授業の中心場面!!
● 様々な体験活動を通して，ふろしきのよさや受け取った場合の気持ちを実感する場面

展開3・4　体験や役割演技をして，話し合う。

発問　実際に，「お使い包み」で包んでみて，どんな感想をもったか。
・上手に包めた。　　・持つと軽く感じた。

○ペアで1枚ずつふろしきを持たせ，全員がふろしきで包む体験をした。
　基本の結びを教えるが，出来にこだわらず充実感をもたせた。

発問　びん2本とスイカを包む様子を見て，どんなことを思ったか。
・いろんな形の物を包めるから，とっても便利だと思った。

○教材文を通してふろしきのよさを考えた上で，実演会をしていただく
　ことで，実感を伴ってふろしきの利便性を理解できるようにした。

スイカ包みの実演

発問　エコバッグとふろしきでは，贈り物をするときに，どんな違いがあったか。

○役割演技を行う際に，①包み方，②持ち方，③渡し方，の三つのポイントを意識して行い，
　三つのポイントを基に発表させることで，二つの方法の違いを明確にできるとよい。

発問　どちらでもらったほうが嬉しいか。それはなぜか。
・ふろしきです。理由は，結んだり，ほどいたりする時間をかけることで，自分のことを大
　切にしていることが伝わってくるからです。

◎実際に包む体験をしたことで，教科書では分からない触感や雰囲気などを感じ取ることがで
　きた。日本の伝統文化のよさを感じ取るためには，欠かすことのできない活動と言える。

評価に生かす「よさを発揮した子供の姿」!!

●**評価の視点①（自分自身との関わり）**

　展開前半では，教材中の人物（「わたし」）が考える「まほうのぬの」と感じた理由について話し合った。その後に，実際にふろしきを包む体験をしたり，実演会を見て感じたことを発表したりすることで，ふろしきの利便性ついて実感を伴って考えることができるようにした。

- ・慣れると，スムーズに包むことができるようになった。【慣れると時間も短縮できる】
- ・ふろしきで包んで抱えると，軽く感じた。【持ち運びがしやすい】
- ・ビンを2本包むときに，割れにくいように工夫がしてあった。【安全面でも優れている】

などの発言は，体験活動を通して，伝統文化についての関心を深め，伝統文化の新たなよさに気付くことができているため，評価に生かすことができる「子供の姿」と考えられる。

●**評価の視点②（多面的・多角的な見方）**

　贈り物をする方法の違いに着目することで，日本の伝統文化のよさについて考えているのが評価の視点②である。エコバッグと比べながら，ふろしきの特徴について考えることで，多面的な視点で日本の伝統文化について考えることができるようにした。その後，「どちらの方法でもらったほうが嬉しいか」と問い返し，その理由を発表させる。

- ・ふろしきのほうが時間はかかるけど，自分のことを大切に思ってくれている感じがする。
- ・中に入っている物が，ふろしきのほうが高級で上品な感じがする。

などは，比較により，ふろしきの価値理解（心遣いや上品さなど）を深めていると言える。

ゲストティーチャーとの連携

　ゲストティーチャーとは，予め念入りに指導の仕方の打合せをしておく必要がある。様々な包み方のどれを教え，どれを実演するかをはっきりと決めておく。また，代表児童と役割演技をする際には，以下のようなポイントを意識していただくようにする。

---

① 包み方：丁寧にゆっくり包むことで，相手を大切にしていることが感じられる。
② 持ち方：両手で抱えるように大切に持つことで，大事な物であるように感じる。
③ 渡し方：ふろしきからゆっくり出すことで，上品さも表れる。

　役割演技の所作からも，伝統文化の「相手を大切に思う心」に気付かせたい。

（髙塚　正昭）

廣あ 光文 東書

中学年 ｜ D ｜ 感動，畏敬の念

百羽のツル
心の気高さ，美しさに感動し，それを大切にしようとする人に！

1 教材活用のポイント

　この期の子供たちは，自然や音楽，物語などの美しいもののみならず，人の心や生き物の行動を含めた気高さなどにも気付くようになる。しかし，生活経験によって個々に差が生じる。そこで，美しいものや気高いものに意識的に触れようとする機会を設けることが必要である。
　この教材では，「心の気高さや美しさを感じ取る心をもっている自分」に気付くこと，また，「その心を大切にし，さらに深めていこうとする気持ち」を高めるための手立てが必要である。
　「百羽のツル」の話の中で，北の果てから長い渡りの旅を休みなく続け，目的地に到着する直前になって，1羽の子供のツルが力尽きて飛べなくなってしまう場面が大きな局面である。子供のツルは迷惑をかけないようにと考えるが，残りのツルは，1羽のために心を一つに助けることを選ぶ。疲れ切った100羽のツルたちの互いの仲間を思う行動から気高さを感じ取らせ，それを大切にする意欲をもたせることが重要である。

2 学習内容の焦点化

- 心の気高さなどを感じ取る心をもっている自分に気付くこと。
- 感じ取る心を大切にし，さらに深めていこうとする気持ちを高めること。

3 学習方法の視覚化

板　書　板書を子供の学習過程の場とするだけでなく，教材提示の際に板書を劇場に見立てて，話の内容を分かりやすくする。

振り返り　終末で，評価の視点の一つである「自分自身との関わり」に関することとして，自分と比べながら考えたかどうかを5段階の数値で自己評価ができるようにする。

板書にペープサート

4 「分けて比べる」事柄

人　物　力尽きて落ちる中，助けを求めようとはしなかった子供のツルと，疲れ切っている中，協力して全力で子供のツルを救った残りの99羽の思いについて考えを深めるようにする。

指 導 案

(1) ねらい ［中学年　D　美しいものや気高いものに感動する心をもつこと。］

　仲間のことを自分自身のことのように考えて行動することのよさについて話し合うことを通して，互いに仲間を思う心の気高さに気付き，それを大切にしようとする心情を深める。

(2) 学習過程

	学習活動・学習内容	主な発問と子供の反応	○教師の支援／◆評価
導入5分	1　今までの道徳の学習で感動した話について発表する。 ・自然などへの関心 ・家族への思いの強さなど	発今までの道徳の学習で心に残っているお話にどんなものがあるか。 ・○○の話では，自然がとても貴重できれいなものだと感じた。	○「主として生命や自然，崇高なものとの関わりに関すること」の既習の道徳の教材に触れて，学習の方向性を知るようにする。

「百羽のツル」を読んで，感動したことについて話し合おう。

展開30分	2　子供のツルと仲間のツルの気持ちを比べて話し合う。 ・仲間を思う心の気高さ	発子供のツルと残りの99羽のツルの思いを，比べてみよう。 ・選んだ方法は違うけれど，相手のことを思っていることは同じ。	◆評価の視点① ○子供のツルと残りのツルたち，それぞれの気持ちの共通点を探し，お互いが思いやっていることを明確にする。
終末10分	3　このツルの集団について，思ったことや考えたことなどについて，ノートに書く。 ・心の気高さ・美しさへの気付き ・大切にしようとする気持ち	・自分たちも疲れ切っているのに，仲間を助けるなんてすごい。私もそういう心をもてるといいな。 ・自分も疲れているのに助けるなんてできないな。	◆評価の視点② ○ツルたちの取った行動についての自分の思いや考えたことをノートに書くようにする。

(3) 評価の視点（①多面的・多角的な見方　②自分自身との関わり）

① 　それぞれの立場で仲間を思う行動を比較して，違いや共通点を考えようとしている。

② 　自分の中に仲間を思いやる優しい気持ちなどの気高さや，そのような心を大切にしようとする思いがあることをノートに表そうとしている。

板書例

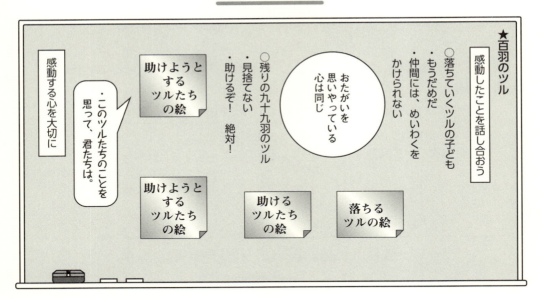

(**POINT** 本授業の中心場面!!)
● 落ちていくツルと残りの99羽のツルの行動と思いを比較させる場面

展開2　「力尽きて落ちる中，助けを求めようとしなかった子供のツルと，長旅で疲れ切っている中，全力で協力して子供のツルを救った残りのツルの気持ちを比べる」ところは，いきなりの話合いは子供の状況によっては難しい。そのような場合は，補助発問が必要である。

補助発問1　羽が動かなくなって，落ちていく子供のツルはどんな気持ちだったでしょうか。
・ああ，もうだめか。みんなと一緒に行きたかったけれど。
・みんなも疲れているから，足手まといにならないでいよう。
・みんなに迷惑はかけられない。このまま，みんな行ってくれ。

補助発問2　残りの99羽のツルは，どんな思いで子供のツルを助けようとしたのでしょうか。
・ここまで，みんなでやってきたのだから。最後まで一緒に行きたい。
・大切な仲間を見捨てられない。

○上記の補助発問の場面についてノートに書かせた後，最初にペアで二つの気持ちについて話し合うことができるようにした。
○子供のツルと残りのツルのそれぞれの思いを板書に整理した後，立場は違うが相手を思う気持ちの共通点を話し合うようにした。
◎補助発問の二つをつないで，「相手のことを思いやっている」という考えが見られた。

評価に生かす「よさを発揮した子供の姿」!!

●**評価の視点①（多面的・多角的な見方）**

展開2で，周りの仲間の重荷になるまいと一人で落ちていく子供のツルと，助ける残りのツルたちの共通点を考えるようにした。

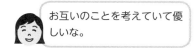

迷惑をかけないように仲間のことを考えている。

お互いのことを考えていて優しいな。

上記のような意見が出たが，その前に教材のもつ世界観に子供たちがどっぷり浸ることが大切だと考えた。そこで，板書を劇場に見立てて，ペープサートで行った。他にも，紙芝居や実際の渡り鳥の映像を使用しながら範読するのも効果的だと考える。また，授業形態として，椅子だけにして，子供たちとの間を狭め，臨場感が出るようにした。ペープサートで落ちていく子供のツルを表すと，「わ～」，「危ない」，「かわいそう」などとの声が上がり，助けたツルの集団には「よくやった」，「いいツルだなぁ」などの声が上がった。

●**評価の視点②（自分自身との関わり）**

展開2での発言を受けて，「さっき，『わー』って言ってたけれど，どうして？」，「『いいツル』って，どうして？」といったような問い返しを行う。すると，「だって，自分がツルだったら死んでしまうのはいやだな」や「やっぱり，自分たちだってすごく疲れている。もしかしたら自分たちだって死にそうなのに，仲間を助けるなんて，そうそうできることではないと思ったから」など，ツルの思いについて話し合った。そのことを踏まえて，展開3の書く活動で，考えを深める様子が見られた。

Dの視点の指導の手立て

「道徳は苦手。特に『感動，畏敬の念』，『自然愛護』などは，大前提としてすばらしいもの，大切なもの，大切にしなくてはいけないものと子供たちにも周知されているし，そう答えれば大丈夫でしょう，という子供たちの雰囲気も感じて，内容項目をなぞっているだけで，深まらなくて難しい」という先生方の声をよく耳にする。

そこで，導入時に，①具体的な体験活動を想起させ，子供たち自身の感動体験を重ねたり，今までの道徳の感動教材を振り返ったりすることで深化を図り，展開では，②教材の登場人物の思いや行動などを話し合う中で，さらに自分を重ねられるような声かけを行い，統合を図るようにする。そのために，道徳科の授業のみならず，他教科・領域でも意図的に道徳的教育を行うことが大切だと考える。これらのことが様々なつながりをもち，子供たちの生き方に影響していくようになるため，日頃から道徳的な視点を忘れずに指導することが大切である。

（藤井　隆之）

| 学図 | 教出 | 廣あ | 東書 | 日文 | 光村 |

中学年　A　節度，節制

目覚まし時計
「自分でする」気持ちを続けようとする人に！

1　教材活用のポイント

　「自分のことは自分でする」ことについて，子供たちは家族や周りの人に言われている経験があり，大切なことであると捉えているであろう。したがって，この教材では，「自分ですることの大切さは分かるが，できない自分」がいることへの気付きや「自分でする気持ちを続けていくために大切なこと」への気付きを深める教材である。

　助言者である母親に買ってもらった目覚まし時計を見て，主人公は「自分のことは自分でする」気持ちを強くもつ。しかし徐々に気持ちは薄れていき，学校に遅れたり，体調を崩したりしてしまう。節度のある生活のよさを見直しつつ，なぜできないかを自己内省し，継続することの難しさと大切さを感じ取らせることが重要である。

2　学習内容の焦点化

- 「自分のことは自分でする」気持ちは，初めは強いが，徐々に薄れていくこと。
- 「自分のことは自分でする」気持ちを継続することは難しいが，継続していくために，自分の気持ちのもち方を工夫することで節度ある生活をすることができていくこと。

3　学習方法の視覚化

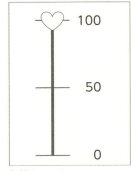
気持ちメーター

気持ちメーター　目覚まし時計を買ってもらった場面と深夜にテレビを見る場面における「自分のことは自分でする」気持ちを100点満点のメーターで表させ，気持ちの具体を比較させることで，継続することの難しさを感じ取らせる。

ナンバリング　終末で，継続するために大切なことについて，発言をナンバリングし，自分ができそうなことを選択させる。

4　「分けて比べる」事柄

場　面　初めの場面と途中の場面を板書上で対比的に分けて比べることで，継続することの難しさについての考えを深めることができるようにする。

今の自分　「継続するために大切なこと」と今の自分自身とを比較させ，これからの自分に生かせそうなことを考えることができるようにする。

指 導 案

(1) ねらい ［中学年　A　自分でできることは自分でやり，安全に気を付け，よく考えて行動し，節度のある生活をすること。］

「自分のことは自分でする」気持ちが強い場面と薄れていく場面を話し合うことを通して，気持ちを継続することの難しさと大切さについての考えを深め，自分のことは自分でしようとする態度を培う。

(2) 学習過程

	学習活動・学習内容	主な発問と子供の反応	○教師の支援／◆評価
導入5分	1　生活の中で，自分でしなければいけないことを発表する。 ・自分の生活の振り返り	・宿題は自分の力でする。 ・自分で起きることは，当然のことではないかな。	○自分の生活を想起させ，節度，節制に関わることへの関心を高める。

「目覚まし時計」を読んで，自分のするべきことについて考えよう。

	学習活動・学習内容	主な発問と子供の反応	○教師の支援／◆評価
展開30分	2　目覚まし時計をもらったときと夜更かしをしたときの気持ちを比べて話し合う。 ・初めの気持ちの強さ ・気持ちは薄れていくこと ・気持ちを続けていくことの難しさ	発 二つの場面の気持ちはどう違うのか。 ・初めはやる気があるけど，やりたくない気持ちが大きくなるよね。 ・やる気を続けることって難しいな。	○気持ちメーターで二つの場面を点数化し，説明できるようにする。 ○母親や目覚まし時計を視点に問い返すことで，節度，節制についての価値観を深める。
	3　自分のことは自分でする気持ちを継続することについて話し合う。 ・継続するために大切なこと	発 気持ちを続けるためにはどうすればよいか。 ・明るい未来を予想する。 ・できたことを褒める。 ・自分を振り返る。	◆評価の視点① ○自分のことは自分でするために大切なことをノートに書く。
終末10分	4　自分に生かせそうな場面をノートに書く。 ・節度のある生活をすること	・自分のことを振り返ることを，当番の仕事に生かしていきたいな。	◆評価の視点② ○今の自分と比較して振り返りを書く。

(3) 評価の視点（①多面的・多角的な見方　②自分自身との関わり）

① 二つの場面を比べて，節度を守ることへの考えを深めている。
② 節度を守ることのよさと難しさを，自分の生活に関わらせて考えている。

板書例

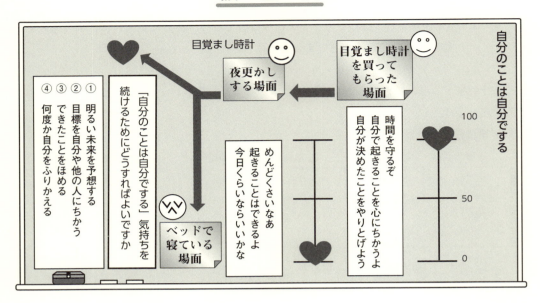

POINT 本授業の中心場面!!
● 二つの場面を比較させた後、子供たちの発言から、ねらいを焦点化した場面

展開2 目覚まし時計をもらったときと夜更かしをしたときの気持ちを比べて話し合う。

発問 二つの場面の気持ちはどう違うのか。

・「時間を守るぞ」という気持ちが強かったときは100点だけど、夜更かしのときは「いつでもできる」と思ったのではないのかな。だんだんやる気パワーが下がっていったと思うよ。
・「今日くらいはいいよ」と思ったのかな。つい自分を甘えさせたことがあるよ。

○まず、二つの場面について人物の気持ちをノートに書かせた後、ペアで二つの気持ちの違いを話し合うことができるようにした。

○「なぜ自分のことを自分でしようとするパワーがなくなったのだろうか」とか「なぜ自分のことが自分でできなくなったのだろうか」等の問い返しをすることで、気持ちを継続することの難しさを共感しつつ、展開3につなげる。

○場面での人物の気持ちを表情の絵で表したり、やる気のパワーが落ちていく様子を矢印で表したりすることで、「自分のことを自分でする」ためには、思いの強さや時間などが関わっていることを板書で示すようにする。

◎「続けていくことが難しい」とつぶやいたり、発言したりした子供を見取り、「自分のことは自分でする気持ちを継続するために大切なことは何だろうか」とねらいを焦点化した。そうすることで、より自分たちの生活に関わらせて考えさせることができた。

評価に生かす「よさを発揮した子供の姿」!!

●評価の視点②（自分自身との関わり）

　展開3で，自分のことは自分でする気持ちを継続するために大切なことについて発言した内容を四つにカテゴライズした。そこで，番号を付けて，「どれが最も大切なことは何か」と問い，選んだことを基にして，これまでの自分や今までの自分についてノートに振り返りを書かせた。視覚化と自分で選択できる問いにより，どの子も自分と関わらせて考えることができた。また，ノートに自分の考えたこと，振り返りを蓄積していくことで，教師が子供の成長の様子を見取ったり，価値付けたりすることができる。以下は，その振り返りの内容である。

　・A児：当番の仕事などに生かしたいです。なぜなら，今日はできているかな？と振り返ることで，次の自分につなげて約束が守れるようになるからです。
　・B児：④です。私はよく今日ぐらい……と思ってしまい，みんな同じ分だけあるのに，その中で，時間を有効に活用できていないので，できるようにしたいからです。
　・C児：今までの自分は，できないといけないことができてもあたり前だと思っていたから，これからは，あたり前のことができたとしても，自分をほめたいです。

　ノートに自分の考えを書かせることや，自分と関わらせて振り返りをさせていくことを積み重ねていくことで，初めは自分事として振り返らなかった子供でも振り返ることができるようになってくる姿が見られた。

子供同士の伝え合う活動を支えるには

　道徳科授業では，生活経験や体験，分かっているができない自分について振り返ったことを仲間に伝える活動がある。また，自分とは異なるが，仲間の考えを受け入れながら聞く活動もある。自分事で考える道徳科授業だからこそ，互いに自分の考えを伝え合う活動は大切である。しかしながら，学級に温かな関わり合いのある人間関係がなければ，その伝え合いは深いものとならないであろう。なお，人間関係は道徳科授業のみで育まれているわけではないので，他教科等でも大切にして取り組むことが必要である。例えば，以下のような取組がある。

① 朝の会における子供同士の話合い活動（フリートーク）
② 子供が分からなさを感じたときに，離席して多くの仲間の意見を聞く活動
③ 同じグループの仲間の振り返りを励ます活動

　子供の様子を観察しながら，適切に活動に取り入れ，子供同士の温かな関わり合いを生み出すことが大切である。

（森重　孝介）

| 学研 | 教出 | 廣あ | 日文 |

| 中学年 | B | 親切, 思いやり |

心と心のあく手
相手の気持ちに寄り添った「親切」ができる人に！

1　教材活用のポイント

　子供は, 相手を思いやり, 親切にすることの大切さや心地よさにはすでに気付いている。そこで, 本教材を通じて,「相手を直接助けることだけでなく, 時として相手のことを考えて温かく見守ることも親切であること」や,「相手の状況や気持ちを想像した上で親切な行為に移すことが大切であること」に気付かせたい。

　本教材には, 体が不自由で, 歩く練習をしているおばあさんを見かけた主人公が, 手を貸そうと声をかける場面と, 声はかけずに心の中で応援する場面が描かれている。この二つの類似場面における共通点と相違点に着目させることで, 子供は, 相手のことを親身になって考えることや, 相手の状況や気持ちを考えた上で親切にすることの大切さに目を向けるであろう。

2　学習内容の焦点化

● 相手を直接助ける親切だけでなく, 時として相手のことを考えて温かく見守る親切もあるということ。
● 相手の状況や気持ちを想像した上で親切な行為に移すことが大切であること。

3　学習方法の視覚化

ハンドサイン　導入で, 他者に対する自分の親切さの度合いをハンドサイン（1〈低い〉～5〈高い〉）で示す場を設けることで, ねらいとする道徳的価値に関わる自分の姿を大まかに捉えさせる。

心情メーター　体が不自由なおばあさんに声をかける場面と, 心の中で応援する場面における主人公の「おばあさんを思う気持ち」を「心情メーター」（本実践では「思いやりメーター」）で表現させることで, 二つの場面における主人公の親切さの度合いに目を向けることができるようにする。

心情メーター

4　「分けて比べる」事柄

場　面　類似場面を, 板書や発問を基に, 対比的に分けて比べることで, 共通点（おばあさんを思いやる気持ち）と相違点（おばあさんに対する親切の仕方）に気付けるようにする。

指 導 案

(1) ねらい ［中学年　B　相手のことを思いやり，進んで親切にすること。］

親切にするときの気持ちや動機について話し合うことを通して，時として相手のことを温かく見守ることも親切であることについての考えを深め，相手の状況や気持ちを考えた上で親切にしようとする心情を深める。

(2) 学習過程

	学習活動・学習内容	主な発問と子供の反応	○教師の支援／◆評価
導入 5分	1　自らが考える親切さについて発表する。 ・自らの親切さの捉え ・親切に対する関心	・困った人がいたら，手助けすることが親切だと思うよ。 ・けがをした友達を保健室へ連れて行ったことがあるな。	○日常生活での親切な行為を尋ねることで，親切さについて自分なりの考えをもてるようにする。

「心と心のあく手」を読んで，親切について考えよう。

	学習活動・学習内容	主な発問と子供の反応	○教師の支援／◆評価
展開 30分	2　教材を聞き，次の二つの場面における主人公の気持ちについて話し合う。 ①　おばあさんに声をかける場面 ②　おばあさんを心の中で応援する場面 ・親切にするときの気持ち	発　二つの場面で，それぞれ，主人公はどんなことを考えていたか。 ①　あっ，危ない。おばあさんを助けないと。 ②　今は手を貸さずに，おばあさんをしっかりと見守ろう。	○二つの場面における主人公の親切さの度合いを「思いやりメーター」に表現させ，場面ごとの親切さを視覚的に捉えられるようにする。
	3　二つの場面における親切さの違いについて考え，発表する。 ・見守ることも親切の一つの形であるということ ・相手の状況や気持ちを考えた上で親切にすることの大切さ	発　二つの場面における親切にはどんな違いがあるか。 ・初めの場面は「助ける親切」で，次の場面は「見守る親切」ではないかな。	◆評価の視点① ○二つの場面の共通点と相違点について問うことで，おばあさんを思う気持ちは同じでも行動が異なることに気付けるようにする。
終末 10分	4　本時の学習から学んだことを基に手紙に書く。 ・親切について学んだことをまとめること	・相手の状況や気持ちをよく考えてから，行動に移したいな。	◆評価の視点② ○本時で学んだことを踏まえて，主人公に宛てた手紙を書かせる。

(3) 評価の視点（①多面的・多角的な見方　②自分自身との関わり）

① 他者に親切にする上で大切なことを，場面の状況を踏まえて考えようとしている。
② 相手に合った親切をするよさについて，自分の生活経験と比べながら考えようとしている。

板書例

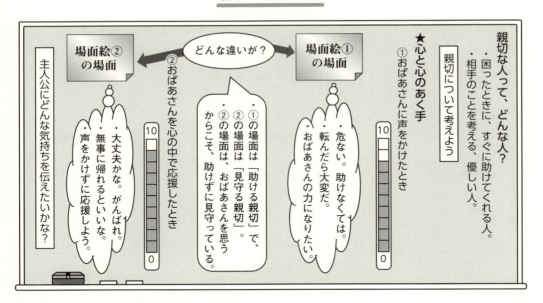

(POINT) 本授業の中心場面!!
● 二つの場面の行為や心情の違いから他者に親切にする上で大切なことに気付く場面

展開2 教材を聞き,二つの場面における主人公の気持ちについて話し合う。

発問 二つの場面で,それぞれ,主人公はどんなことを考えていたか。

〈おばあさんに声をかける場面〉……①の場面

・危ない。おばあさんを助けなくては。転んだら大変だ。おばあさんの力になりたい。

〈おばあさんを心の中で応援する場面〉……②の場面

・おばあさん,大丈夫かな。最後まで見守ろう。がんばれ。何かあったらすぐに助けよう。

○二つの場面における主人公の気持ちを考えさせた後,それぞれの場面における主人公の「おばあさんを思う気持ち」を「思いやりメーター」で表現させると,どちらの場面も高い値となったが,②の場面のほうがより高い結果となった。そこで,その違いに着目させた。

展開3 二つの場面における親切さの違いについて考え,発表する。

発問 二つの場面における親切の違いは何か。人に親切にする上で大切なことは何か。

・おばあさんを思う気持ちは同じでも,行動が違うね。

・①の場面は「助ける親切」で,②の場面は「見守る親切」ではないかな。

・②の場面は,おばあさんのためを思うからこそ,助けずに見守っていると思うよ。

◎「見守ることも親切である」ということに気付いた子供たちに対し,「では,人に親切にする上で,大切なことは何か」と問うことで,「相手の状況をよく見てから,親切にすること」や,「相手がどうしてほしいかを考えたり,相手の気持ちを想像したりしてから親切にすること」といった意見を引き出すことができた。

評価に生かす「よさを発揮した子供の姿」!!

●評価の視点②(自分自身との関わり)

　「思いやりメーター」を活用することにより、子供は、主人公のおばあさんを思う気持ちを、より具体的に捉えられたようであった。また、二つの場面におけるメーターの値の違いを視覚的に判断することができ、それをきっかけにして、親切の仕方を変えた主人公の心の動きやその理由をつかむことができたのではないかと考える。

　終末では、そんな主人公に宛てて手紙を書く場を設定した。その際、これまでの自分が他者に対してどのように接していたかということや、これから自分がどんな気持ちを大切にしたいかということを踏まえて、手紙を書かせるようにした。ある子供は手紙の内容を踏まえ、次のように発言した。

あきらくんへ
あきらくんはすごいね。ちゃんとおばあさんの気持ちを考えてから、自分にできる親切をしたんだね。僕はこれまで、友達に親切にできていると思っていました。でも、本当の親切とは少し違ったのかもしれません。これからは、相手の気持ちをよく考えてから親切にしたいです。どうすればよいか分からないときには、相手に聞きたいです。

授業展開のアレンジ

　上述した実践では、展開2において、二つの場面における主人公の気持ちを順に尋ねていったが、子供の主体的・対話的な学びを促すためには、例えば次のような方法を取り入れることも考えられる。

① 二つの場面のうち、自分が気になるほうを各自で選ばせる。
② 選んだ場面が同じ者同士で3～4人のグループをつくらせ、主人公の気持ちについて話し合わせる。
③ 話し合った内容をホワイトボードに書かせる。その際、出た意見は一つにまとめず、個々の意見を尊重させる(右図)。
④ ホワイトボードの内容を全体で共有させる。

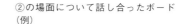
・声をかけずに応えんしよう。
・おばあさん、大じょうぶかな?
・無事に家まで着くといいな。

②の場面について話し合ったボード(例)

　選択する場を与えることによって、子供は自らが選んだ場面について、より意欲的に考えるはずである。また、グループで話し合った内容を書いて表現させることで、全体での学びに生かすこともできる。

(廣末 唯)

中学年 | B | 友情，信頼

絵はがきと切手（大きな絵はがき）
どんな友達関係なら，「友達レベル」が高いのか？

1　教材活用のポイント

「絵はがきと切手」では，転校した友達の正子から届いた絵はがきが料金不足だったことについて，手紙に書くかどうか葛藤した上で，仲がよかったこれまでを思い出し，注意の手紙を書くことに決めた広子の姿が描かれている。この時期の子供たちは，友達と仲よくしたいと願う心のよさや友達との助け合いの大切さについての考えは深めてきていると考える。一方で，友達との仲を大切にするあまり，時と場に応じた言動ができなくなる子供も少なくない。そこで，友達関係に関わる価値観（友達観）を「友達レベル」という言葉で視覚化する。広子と正子の友達関係は「友達レベル」が高いのか，そして，「友達レベル」の高い友達関係とはどのような人間関係なのか，広子の言動から考える中で，友達のことを理解したり，友達とのよりよい関係について考えたりしようとする思いを強くできるようにしたい。

2　学習内容の焦点化

- 人には，友達との仲を考え，友達のための望ましい言動を表すのに迷いや葛藤が生じることがあること。
- 「友達レベル」の高い友達関係とは，相手を理解し合い，信頼し合った上での助け合いの言動ができる関係のことであること。

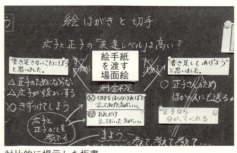
対比的に提示した板書

3　学習方法の視覚化

複数提示　手紙に書き足す行為に加え，書き足さない行為を仮定して対比的に提示し，「友達レベル」の高低を尋ねることで，より自分事として考えやすくする。

条件変更　「もし仲よしではなかったら」，「もし迷わず〇〇に決めたら」など，条件を変えて問い返すことで，友達観に関わる付加価値に気付きやすくする。

4　「分けて比べる」事柄

行　為　「書き足す」，「書き足さない」や「迷う」，「迷わない」など，結果や葛藤の場面で仮定した行為を提示して比較・選択させることで，広子の言動の基にある友達観について多面的・多角的に気付くことができるようにする。

指 導 案

(1) ねらい ［中学年　B　友達と互いに理解し，信頼し，助け合うこと。］

「友達レベル」の高い友達関係について話し合うことを通して，友達を互いに理解し信頼し合った上での言動のよさに気付き，友達と互いに助け合おうとする意欲と判断力を高める。

(2) 学習過程

	学習活動・学習内容	主な発問と子供の反応	○教師の支援／◆評価
導入5分	1　友達だからできることについて発表する。 ・望ましいと思う友達関係 ・友達観に関わる関心	・友達なら仲よくするし，助け合えるよ。 ・「友達レベル」が高いかどうか考えるんだね。	○友達観を「友達レベル」という言葉で視覚化し，友達観に関わる関心がもてるようにする。

「友達レベル」の高い友達関係について考えよう。

	学習活動・学習内容	主な発問と子供の反応	○教師の支援／◆評価
展開30分	2　広子と正子の友達関係は「友達レベル」が高いかどうか話し合う。 ・望ましい言動を表すのに生じる迷いや葛藤 ・友達を理解し信頼する心 ・友達に対する誠実さ ・友達だからこそ正しいことを伝える自律心や勇気 3　「友達レベル」の高い友達関係について話し合う。 ・友達を理解し信頼した上で言動を起こそうとすることのよさや大切さ	発広子の行為は「友達レベル」の高い行為か？ ・高い。正子のために行動しているから。 ・書くと後悔するかも。 発手紙に書かないことは「友達レベル」が低い？ ・正子のことをよく考えて選べば低くないと思う。 発広子と正子のような友達だからできることは？ ・ちゃんと教えること。 ・一緒に高め合うこと。 ・友達と信じ合えること。	◆評価の視点① ○挿絵や言葉を提示し，その行為の「友達レベル」の高低を選択させる。 ○子供の発言に応じて，以下のような問い返しを行い，友達関係の基にある友達観に気付きやすくする。 （想定される問い返しの例） ●悩まずに手紙に書くことは「友達レベル」が高いか？ ●あなたが正子なら手紙に書いてほしいか？
終末10分	4　学んだことについて振り返る。 ・よりよい友達関係を広げていこうとする意欲 ・これからの自分	・友達だからこそ，仲よくするのもいいけど，友達のために教えるのも大事なことだと思った。	◆評価の視点② ○本時で学んだことを踏まえて，主人公に宛てた手紙を書かせる。

(3) 評価の視点（①多面的・多角的な見方　②自分自身との関わり）

① 　人の行為の「友達レベル」の高さについて，自我関与しながら考えようとしている。
② 　これからの自分のよりよい友達関係について，学習を基に考えを深めようとしている。

板書例

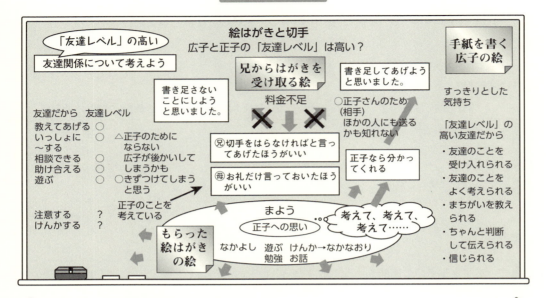

POINT 本授業の中心場面!!
● 広子の正子への思いや，正子のことを理解し信頼した上での行為であること，そのよさに気付く場面

展開2 「手紙に書く」行為の基にある思いの違いを話し合う。

発問 迷わずに手紙を書くことに決めても，「友達レベル」は高いと言ってよいですか？

（反対に挙手：多数　悩んでいる子供：数名）

・手紙に書くことに決めたのは同じだけど，迷うほうが正子のことを考えている気がする。
・「正子に言っても大丈夫かな」とか「伝えたほうが正子のためになるかな」とか，正子のことを考えて，考えて，書くことに決めたから，「友達レベル」は高いと思う。
・迷わなかったら，結局自分のことしか考えていない。

発問 考えるって，正子のことが分かるのかな？

・広子と正子はずっと仲よしだったから，正子のことはよく分かると思う。勉強したり，遊んだり，けんかしたりとかしてきたんじゃないかな。
・一緒にいろんなことをしてきて，正子への思いは強くなっていると思う。
・絵はがきが届いて，正子とのことを思い出して，「正子なら分かってくれる」と思ったから，手紙に書くことに決めた。だから，「友達レベル」は高いと思う。

◎「書き足す」，「書き足さない」という行為を仮定した上で「友達レベル」の高低を視点に話合いを進めていった。その中で，「悩まずに書くことに決める」という条件の仮定を提示し，再度比較を促した。行為の比較を促し，選択の理由を話し合わせることによって，友達観に関わる相互理解や思いやり，誠実さなどに気付くことができた。

評価に生かす「よさを発揮した子供の姿」!!

●評価の視点①（多面的・多角的な見方）

　「人の行為の『友達レベル』の高さについて、自我関与しながら考えようとしていること」が評価の視点①である。教材の登場人物に自己を投影し、判断や心情等について多面的・多角的に考えることができるように、二つの仮定する手立てを行った。一つは行為を仮定する手立て、もう一つは行為に向かう条件を仮定（変更）する手立てである。ここでは、行為を仮定する手立てについて子どもの姿から述べる。

T：「書き足す」（教材の行為）、「書き足さない」（仮定の行為）、どちらが「友達レベル」が高い？
C：書き足すほうが「友達レベル」が高いと思う。書き足すのが普通と思う。
C：書き足したほうが正子さんのためになる（書き足さないと友達のためにならない）。
T：ということは、兄は正子のことを考えている。母は正子のことを考えていない。母の言うとおりにしたら、「友達レベル」は低い。そういうことですか？
C：そうではないと思う。母も正子のことを考えている。
C：母は、広子と正子とのこと（関係）を考えたと思う。広子も迷っている。
C：もし、私が広子だったら書き足さないかもしれない。やっぱり、正子が傷つくかもしれないと思うと嫌だから。

　子供たちは、「書き足す」、「書き足さない」の行為の良し悪しから、「書き足す」行為の難しさや助言者の思いなど様々な視野から話し合い、「書き足す」行為の基にある友達観について、多面的・多角的に考えていった。

「仮定する発問『もし』」を効果的に用いる

　行為や行為を起こす条件等を仮定することによって、様々な視点から話合いを進めることができ、多面的・多角的な思考を促すことができるだけでなく、より自分事として道徳的価値について考えることにつながる。

　ただし、仮定すればよいのではなく、教師が行為の基になる価値観について考えさせるという意識を忘れずにいることが大切である。

（藤元　崇彰）

| 学研 | 学図 | 教出 | 廣あ | 光文 | 東書 | 日文 | 光村 |

中学年　C　規則の尊重

雨のバスていりゅう所で
きまりが大切なことを知り，進んできまりを守ろうとする人に！

1　教材活用のポイント

　中学年の子供たちにとって周りの集団や社会から様々な規範を身に付けていくことはとても大切である。世の中には，法やきまり，義務などをなおざりにする者もいる中で，「きまりは安全かつ安心して生活できるためにあること」を理解して，「それらを進んで守り，義務を果たす」ということをしっかり身に付けられるように指導することが大切である。また，きまりについての学習では，善悪の判断だけではなく，自分たちの生活との関わりについて考えられるようにすることが道徳性を養うことにつながる。

　雨が降りしきる中，お店の軒下に何となく並んでいたよし子が，バスが来た途端，早く乗ろうと列から飛び出してしまい，母親に強く引き戻されてしまう。母親の厳しい表情を見て，よし子は自分の行為を振り返り始める。雨が降っていなければ，普通に停留所で順番に待っていたとは思うが，雨のときに軒下で待つ暗黙のルールなどにも対応して，人々が気持ちよく生活していくために自分ができることを判断することが重要である。

2　学習内容の焦点化

- きまりは安全かつ安心して生活できるためにあること。
- 通常と異なる場面でも，きまりが存在し，周りのことも考え，行動するのが大切だということ。

3　学習方法の視覚化及び身体表現化

お母さん。ごめんね。私……。

　生活　導入時に「晴れた日」と「雨の日」のバス停に並ぶ人々の絵を見せて，話し合わせながら，教材を理解できるようにする。

　ペア　終末でペア学習を行い，お母さんに自分が振り返ったことを実際にどう伝えるか役割演技を行うようにする。

4　「分けて比べる」事柄

　場面　「晴れの日，バス停で並ぶ人々の場面絵」，「雨の日に，バス停から少し離れた店の軒下で並ぶ人々の場面絵」について，なぜ，そういうことになっているのかを話し合う。

　人物　文句を言おうとしたよし子とバスの車窓を厳しく見つめる母の思いを比べる。

指 導 案

(1) ねらい ［中学年　C　約束や社会のきまりの意義を理解し，それらを守ること。］

　周りのことを考えないで自分勝手に行動することについて話し合い，社会の一員としてきまりの意義を捉え，どのように対処することが望ましいかという判断力を高める。

(2) 学習過程

	学習活動・学習内容	主な発問と子供の反応	○教師の支援／◆評価
導入8分	1　晴れの日と雨の日のバス停に並ぶ人々の場面絵を見て，違いを話し合う。 ・天候による状況に対する気付き ・順番を守って並んでいる状況の把握	発二つの絵を見て，違いなど気付いたことはあるか。 ・雨の日は傘などで荷物が増える。 ・バス停から少し離れても並んで待っている。 ・並んでいるか分からない。	○社会のきまりにはどのようなものがあるか尋ねる。 ○雨の日にバス停から少し離れた場所で暗黙のルールで並んで待っている状況を，範読の前に補足する。 ◆評価の視点①

↓「雨のバスていりゅう所で」を読んで，きまりについて話し合おう。↓

展開30分	2　お母さんに肩を引かれて列に戻されたときのよし子の気持ちを話し合う。 ・きまりを守ることの大切さ 3　文句を言おうとするよし子と車窓を厳しく見つめる母の思いを比べて話し合う。 ・社会の一員としてのきまり（安全や安心）	発お母さんに肩を引かれて，どう思ったか。 ・どうして引き戻されるのだろう。 ・座れなくなるのに。 発お母さんの様子を見て，よし子は何を考えただろうか。 ・もしかして，悪いことをしてしまったのかな。	○主人公の気持ちを想像させ，共感的な理解を図る。ぐいっと，肩を引く動作化を行う。 ○教師が問い返しを行い，規則の尊重について考えを深めさせる。

↓

終末7分	4　お母さんに自分が振り返ったことを実際にどう伝えるか，ペアで役割演技を行う。 ・きまりを守って行動することの大切さ	・軒下に並んでいても順番は守らなくてはいけないね。ごめんなさい。これからは気を付けるね。	◆評価の視点② ○よし子の取った行動についての自分の思いや考えたことを表現できるようにする。

(3) 評価の視点（①多面的・多角的な見方　②自分自身との関わり）

① 具体的な状況を踏まえ，きまりに応じた行動について様々考えようとしている。

② きまりを守る大切さについて，自分の経験と照らしながら考えようとしている。

板書例

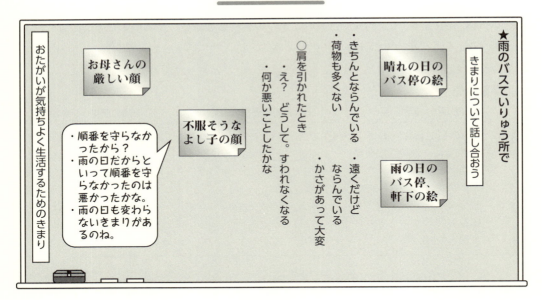

POINT 本授業の中心場面!!
● 自分ならどうするか最終場面を考え,身体表現化

終末 主人公よし子が「だまったまま,知らぬふりをして,窓の外をじっと見つめている」お母さんを見て,自分のしたことを考え始める。その考えたことを,「自分ならどう謝るか」,「どのように伝えるか」具体的に表現できるようにする。

発問 よし子さんがお母さんの様子を見て考えたことを,自分ならどうお母さんに伝えるか言ってみましょう。ペアで役割演技をしてみてください。

- きまりは,やっぱり守るものだね。周りの人にいやな思いをさせてしまったね。ごめんね。
- ごめんなさい。いつもは順番どおりに乗るのだけれど,雨の日はちょっと違ったから,順番を守らなくてもいいと思ったのだけど,やっぱりそれはだめだったね。
- 周りの待っている人のことを考えずに自分が座ることだけ考えてしまった。今度から気を付けるね。
- きちんと決まったきまりではないけれど,守らないといけないものもあることが分かったから,今度からよく見て行動するね。

◎普段からペア学習での役割演技を行っている場合は,子供たちも慣れているが,そうでなければ,いきなり身体表現化をするのは難しい。そこで,ワークシートを用意して,まず,母親への思いを書いてから役割演技に臨んだほうが,実感を高め,より自分に重ねて考えることができて,子供たちも取り掛かりやすい。

評価に生かす「よさを発揮した子供の姿」!!

●評価の視点①（多面的・多角的な見方）

　教材や内容項目への大事な足掛かりは，導入時である。子供たちが興味・関心をもって授業に臨めるかは，導入時にかかっている。そこで，授業の冒頭で，「晴れの日のバス停の様子」と「雨の日のバス停の様子」の場面絵を見せて子供たちに発問する。

　発問　この二つの絵を見て，気付いたことは何でしょうか。

　晴れの日はそうでもないけれど，雨の日は荷物も多くて大変。

　晴れの日はきちんと並んでいるけれど，雨の日は並んでいるのかな。よく分からないよ。

　バスに乗る経験の少ない子供は，バス停に並んではいないが順番があることになかなか気付けなかった。しかし，様々な意見が出る中で，雨に濡れないために軒下に避難した場合でも，暗黙のきまりとして順番が発生していることに気付いてきた。教師は，必要に応じて，他のきまりに話題を広げたり，学校内の身近なきまりを取り上げたりして，具体的なきまりに応じたよりよい行動について考えられるようにした。

●評価の視点②（自分自身との関わり）

　終末で，母とよし子になって，役割演技を行った。途中，役割交代をしながら，それぞれが考えたことを互いに伝え合った。その際に，これまで自分が守ってきた他のきまりを相手に伝えたり，守らなければならない理由を2人で考えたりするように促した。

道徳ノートの活用法

　道徳科の授業で学習したワークシートをファイリングしたり，考えを記入したノートを活用したりしている学校もある。その道徳ノートを一時間の授業に使用するだけでなく，学期ごとの振り返りにも使うと評価や次からの授業にも役に立つ。例えば，①「1学期で学習した道徳の中で心に残ったお話は何か。その理由は」，②「道徳の授業で，自分が成長したなと思うことは何か」など。これは，ある程度の期間の中での子供たちの変化が見えたり，①の質問では授業の導入時に役立ったりする。①の質問の子供たちの回答は以下のようなものである。

・○○の話では，子供に対する家の人の気持ちが伝わって感動した。
・△△の話みたいに，自分たちで考えていろいろなことをするのは見習いたい。
・□□の話が好きだったな。なぜなら，読むだけで心が温かくなるから。

　このような子供たちの感想を，次回からの道徳授業で活用することもできる。

（藤井　隆之）

学研　学図　教出　廣あ　光文　東書　日文　光村

中学年　C　家族愛，家庭生活の充実

ブラッドレーのせいきゅう書（お母さんのせいきゅう書）
家族の当たり前の愛情を大切に！

1　教材活用のポイント

　家庭は人間が生を受けて初めて所属する社会であり，生活や団らんの場として機能するなど，人間生活の基盤となる。中学年の子供は，家族の役に立つことの大切さは理解しているが，日頃，当たり前のように与えられている家族からの愛情について考えることは少ない。そこで，この教材では，家族の愛情の大きさを考えることを通して，自分が家庭生活におけるかけがえのない存在であることを自覚させ，主体的に家族と関わろうとする態度を育てる。

　ブラッドレーと母親の関係を2枚の請求書を通じて考えていく。母親がブラッドレーに宛てた請求書の内容は，親から子への無私の愛情に気付くことができ，家族の思いに応えたいという思いが自然と湧き起こってくる。無自覚の親からの愛を自覚させることが重要である。

2　学習内容の焦点化

- 日頃，何気なく与えられている家族の愛情に気付き，その大きさを考えることが，主体的な家族との関わりを生み出すこと。
- 家族の愛情の大きさに気付かせることで，自分も積極的に家族の一員として関わろうとする気持ちが大きくなること。

表情絵

3　学習方法の視覚化

表情絵　家族の愛情の大きさに気付いたときの心の有り様を表情絵で選択させることで，ずれを生み，対話への意欲を引き出すことができるようにする。

ハート図　展開3で，親と子の愛情の大きさをそれぞれハート図に5段階で表現させることで，比較して考え，自分自身との関わりで考えることができるようにする。

4　「分けて比べる」事柄

経験　導入時に，家族と過ごしてきた経験とそのときの家族の思いを，嬉しかった出来事と悲しかった出来事で分けて比べることで，自分事として課題をもたせる。

場面　家族の愛情に気付く前後の場面を対比的に分けて比べることで，親の愛情に気付くことの喜び（価値理解）と難しさ（人間理解）に気付くことができるようにする。

指　導　案

(1) ねらい　［中学年　C　父母，祖父母を敬愛し，家族みんなで協力し合って楽しい家庭をつくること。］

　自分に対する家族の愛情の大きさについて話し合うことを通して，自分が家庭生活におけるかけがえのない家族の一員であることに気付き，家庭生活により積極的に関わろうとする態度を培う。

(2) 学習過程

	学習活動・学習内容	主な発問と子供の反応	○教師の支援／◆評価
導入5分	1　家族と過ごした経験を発表する。 ・親との関わり方の差異 ・親の思いの大小	・旅行に連れて行ってくれて嬉しかったよ。 ・叱られたときは，悲しいけれど，愛情かな。	○家族との関わりから，それぞれの親の思いの大きさを問い，家族の愛情の大きさに焦点化する。

家族の愛の大きさについて考えよう。

	学習活動・学習内容	主な発問と子供の反応	○教師の支援／◆評価
展開30分	2　家族の愛に気付く前と後での家族に対する思いの大きさを比べて話し合う。 ・家族の愛に気付くよさ ・自分の損得を優先し，親の愛情に気付くことの難しさ	発 2枚の請求書によって，喜んだときと，涙を流したときのブラッドレーの違いは何か。 ・お母さんの思いに気付いているかどうかが違うよ。	○それぞれの気持ちを生む原因を対比的に板書上に整理し，親の当たり前の愛情の大きさやそれに気付く難しさを語れるようにする。
	3　家族に対する無私の愛情について話し合う。 ・子の成長を願う親の思い ・家族の一員として積極的に役立とうとする気持ちの芽生え	発 お母さんはブラッドレーに何かしてほしくて請求書を書いたのか。 ・お母さんはいつも当たり前のように愛情を注いでいるのだと思うよ。	◆評価の視点① ○お母さんとブラッドレーの愛情の大きさを5段階でハート図に表現し比較させ，家族の当たり前の愛情に自然と応えようとする思いを深めさせる。
終末10分	4　家族との関わり方についてノートに振り返る。 ・家族の一員としての自覚	・親の思いを受け止めて，自分にできることをしていきたいな。	◆評価の視点② ○自分の経験を踏まえ，振り返るよう促す。

(3) 評価の視点（①多面的・多角的な見方　②自分自身との関わり）

①　家族からと自分からの愛情の大きさについて互いに比べて考えようとしている。
②　家庭生活に積極的に関わるよさについて，自分自身の経験を関連付けて学習している。

板書例

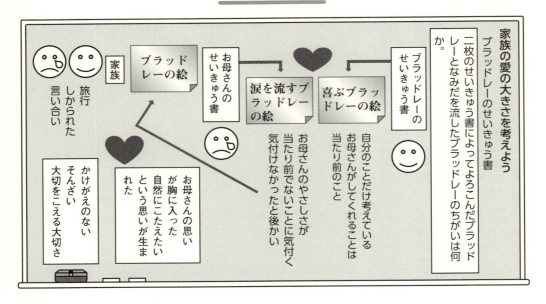

POINT 本授業の中心場面!!
● 展開2と展開3で子供の道徳的価値の理解をぐっと深めていく場面

展開2　家族の愛に気付く前と後での家族に対する思いの大きさを比べて話し合う。

発問　2枚の請求書によって，喜んだときと，涙を流したときのブラッドレーの違いは何だろう。

・喜んだブラッドレーは，お小遣いをもらって得した気持ちになったと思う。
・涙を流したブラッドレーは，お母さんの優しさに気付けたのではないか。
・親の自分に対する思いに気付けたことで，親の愛情の大きさに気付き，嬉しくて涙を流したのかもしれない。

○二つの場面の状況を確認した後，ブラッドレーの思いに合う「表情絵」を選択させた。嬉しい顔を選んだり，悲しい顔を選んだりとずれが生まれ，親の思いを知ったときの喜びと自分の行動に対する後悔の思いを話し合うことができるようにした。
○親の愛情に気付くことの喜びと難しさに気付かせた後，展開3へとつなげた。

展開3　家族に対する無私の愛情について話し合う。

発問　お母さんはブラッドレーに何かしてほしくて請求書を書いたのだろうか。

・お母さんは，日頃から大切に思っていることに気付いてほしかったのではないかな。
・ブラッドレーは，お母さんに育ててもらっていることへの感謝の気持ちと愛情の大きさに気付いたことで，自然と家族の役に立ちたいという思いがもてたと思うよ。

◎展開2ではブラッドレーの視点，展開3ではお母さんの視点に焦点化して，分析的に，そして批判的に考えさせたことが，家族との関わりについて深く考えることにつながった。

評価に生かす「よさを発揮した子供の姿」!!

●評価の視点①（多面的・多角的な見方）

二分の一成人式を終えたばかりの子供たちに「家族愛」についての考え方や感じ方を一層深めたい（深化）と考え，意図的・計画的に指導に当たった。

ハート図

展開3において，親から子に対する無私の愛情と子から親への愛情の大きさをそれぞれハート図に5段階で表現させた後，比べる活動を仕組んだことで，家族の一員として積極的に関わりたいという思いを温める時間となった。

●評価の視点②（自分自身との関わり）

その後，学習を振り返る際に，家族の中の自分の存在を踏まえ，今の自分の在り方を見つめ直す子供の姿が見られた。以下は，その振り返りの内容（例）である。

- ・A児：たまにお手伝いをするとき，いやいややっていた。これからは，進んで自然とお手伝いができる人になって，家族を安心させながら支えていきたい。
- ・B児：家族は，大切というよりも，大切を超える大切な存在だと思った。家族が自分にしてくれることを当たり前と思わずに感謝したい。
- ・C児：家族はかけがえのない存在だと感じた。自分はずっと家族に支えられている存在だと分かった。これからは，いつでも自分から親への思いが5（ハート図）になるように，日頃からお手伝いをしたり，勉強をがんばったりして成長していきたい。

問題解決的な学習の工夫

導入時，学習課題を立てていく過程において，子供の既有経験や既有知識を尋ねた後，考えの良し悪しや相応具合について「どちらがよいか」など問い返しを行うことで，自分事として学習課題に思考を焦点化することができる。

また，学習課題を解決していく過程で，最終的に，子供一人一人が納得解を導き出すことが大切である。考えを深めた後，解析を促すための発問をすることで，考えたことを整理したり，メタ認知したりすることができるであろう。本実践においても，「家族にとって自分はどのような存在か」と発問し，本時の学びを基準にして自己を見つめることを促した。

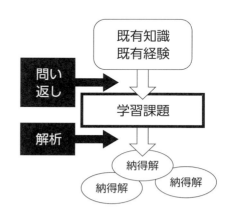

問題解決的な学習のポイント

（岡本　貴裕）

| 学研 | 学図 | 教出 | 廣あ | 光文 | 日文 | 光村 |

中学年　D　感動，畏敬の念

花さき山
人の心の中には，すばらしいものや美しいものがある！

1　教材活用のポイント

　人は，誰もが美しいもの，気高いものに感動する心をもっている。しかし，日々の生活に追われ，合理的に考えたり利害や打算で物事を処理したりして，美しいものや気高いものを感じることはあまりない。また，近年ゲーム等に多くの時間を割き，心を打つ物語に接する機会も減っている。そこで，この話を通して美しいものや気高いものを感じ取らせたい。

　本教材は，童話作家の斎藤隆介氏の作品である。主人公のあやが，山菜採りの山道で迷って山ンばと出会う。そこには今まで見たことのない美しい花が辺り一面に咲いている。あやは，ふもとの村の人間が優しいことを一つすると一つ花が咲くことを知る。あやの妹が母を困らせたとき，「自分はいらない」と我慢したとき赤い花が咲いた。なぜ，花が咲いたのかを考えることで，人の心の中にある美しいものや気高いものに気付かせたい。

2　学習内容の焦点化

- 我慢したり，人のためにがんばったりすることは優しさであり，それが美しい行為であること。
- 美しい生き方について考え，さらによりよい生き方，美しい生き方をしようとする心を高めること。

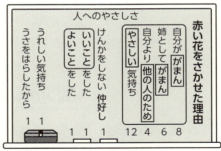
意見の仲間分けと意見の傾向

3　学習方法の視覚化

意見の仲間分け　あやが赤い花を咲かせることができた理由を考える。初めに，グループで意見を出し合う。次に，出てきた意見を仲間分けしながら黒板に書き出す。

意見の傾向　あやが花を咲かせた理由の中から，自分としてはどれが「美しい生き方」と思うのかを挙手してクラス全体の考えの傾向を知る。

4　「分けて比べる」事柄

言　動　あやが花を咲かせた理由の中から，どれが「美しい生き方」なのか，順番に挙手して比べてみる。事前に挙手がなかったり少なかったりしても，それぞれが美しい生き方であり，それが間違いではないことを話しておく。

価　値　関心の高かったことを基に，美しい生き方とはどのようなことなのかを考える。

指　導　案

(1) ねらい　[中学年　D　感動，畏敬の念　美しいものや気高いものに感動する心をもつこと。]

　人のために我慢した言動の理由を考えることを通して，人のために優しくすることが生き方として美しいことに気付き，気高い行為について感動する心情を養う。

(2) 学習過程

	学習活動・学習内容	主な発問と子供の反応	○教師の支援／◆評価
導入5分	1　国語科の「モチモチの木」の話を想起させ，豆太の生き方について考える。 ・自分以外の人にために我慢したこと	・怖いのも我慢して村まで走ったことがすごい。 ・すごく寒いし，痛いのに，村まで走ってすごい。	○自分のことより，おじいさんのことを心配する豆太の気持ちや行為を振り返らせたい。

美しい生き方について考えよう。

	学習活動・学習内容	主な発問と子供の反応	○教師の支援／◆評価
展開30分	2　範読を聞き，あやが花を咲かせた理由を考える。 ・がまんした ・人のためにがんばった ・優しい 3　あやが花を咲かせた理由の中から美しい生き方について話し合う。 ・がまんする心 ・人のためにがんばる心 ・優しい心	発 なぜ，あやは赤い花を咲かせることができたか。 ・妹のために我慢した。 ・自分より他の人が大切。 ・優しい心がある。 発 どの理由が一番美しい生き方と思ったか。 ・辛いことを我慢する心。 ・自分より他の人のためにがんばる心。 ・あやの優しい心。	○出てきた意見を集約して黒板にまとめていく。 ◆評価の視点① ○挿絵やカードを掲示し，考えるヒントとなるようにする。 ○優しい心の中には，姉として妹を思いやる心，我慢する心，母のことを気遣う心も含まれることをつかませる。
終末10分	4　あやの生き方から学んだことを書く。 ・人に優しくする ・自分も花を咲かせる	発 あやの生き方から学んだことは何か。 ・誰に対しても優しくしたり，わがままを言ったりしない。	◆評価の視点② ○「美しい生き方」を参考にして，板書の傾向に左右されないような投げかけをしておく。

(3) 評価の視点（①多面的・多角的な見方　②自分自身との関わり）

①　人に優しくしようとする理由をいろいろ考えようとしている。

②　自分を振り返り，美しい生き方とはどのような生き方なのか考えようとしている。

板書例

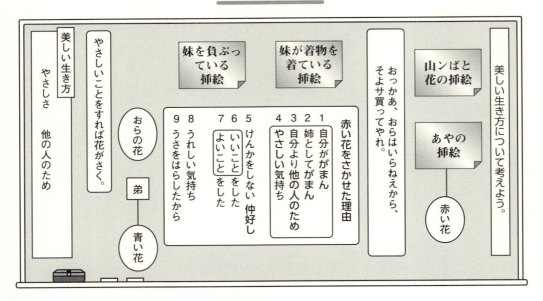

POINT 本授業の中心場面!!
● 優しい心などを，人の美しさとして捉えていく場面。

展開３ あやが花を咲かせた理由の中から美しい生き方を話し合う。

発問 一番美しい生き方はどれだと思いましたか。

・自分は姉として，妹のために我慢したところ……………………………８人
・優しい気持ち，優しいことをしたところ………………………………１２人
・自分より他の人のためにいろいろとしているところ…………………４人
・兄弟姉妹，けんかをしないところ………………………………………１人
・我慢できたところ　・我慢の色は赤だから赤い花が咲いたところ　他……６人

○花を咲かせることができた理由の中から，一番美しい生き方と思った番号に挙手させる。
○「優しい」という言葉を具体的に話させてみる。「どんなところが優しいと思ったの」。
○「優しい」と「我慢する，人のためにがんばること」が同じことだと気付かせる。
◎板書に挿絵や話のポイントカードが貼ってあるので，子供たちの意見がある程度集約された。特に，最後の「優しいことをすれば花が咲く」から，「優しい気持ち」という意見が最も多かった。しかし，「優しい」では具体性に欠ける。そこで，「どんなところが優しいと思ったの」と聞き返すと，結局「妹のために我慢した」，「お母さんに心配をかけなかったところ」などが挙がってきた。最後に，子供たちの意見をまとめると，「我慢できること，優しくできること，人のために何かできること」が美しい生き方ではないかと具体化できた。

評価に生かす「よさを発揮した子供の姿」!!

●評価の視点①（多面的・多角的な見方）

子供たちは，あやの生き方に共感したのか，たくさんの理由を発表することができた。

- 自分はがまんして妹の服を買ってもらった
- よいことをした（がまん）
- がまんするやさしさがあった
- 妹や母が喜んでうれしい気持ち
- 姉だから（妹を思う）
- 姉妹でけんかをしなかったこと
- 自分のことより人のことを大切にしたから
- 赤い服をがまんしたから赤い花になった
- いいことをした

子供たちの中には，「やさしい」，「いいこと」，「姉だから」など思いがきちんと伝わらない意見もあった。そのときは，問い返すことで，さらに深めることができた。

●評価の視点②（自分自身との関わり）

「あやの生き方から学んだこと」で，子供たちは，「だれも人の心の中には，やさしい心があるのだと思った」，「人にゆずるようにしよう」，「人のために何かしたら，いつか自分に返ってくると思った」，「人は辛抱しないといけない」，「お年寄りだけでなく，誰にも席を譲ろうと思った」など，自分の言葉で書けていた。また，新しい言葉，表現で考えの広がっている子供もいた。

話合いのグループ

道徳科に限らず，話合いをするグループは4人と決めている。4人の中で司会を決め，順番に回している。「自分の考えを発表してください」，「意見のある人はいませんか」等で話合いが始まっていく。「○○さんに，質問があります」など，分からないときははっきりさせるようにしておく。自分の書いていることが途中なら，「～まで書いています」，「書いてないけれど，今聞いていて～」，「分かりませんでした」でもよいこととしている。クラス全体では言いにくいことも，4人だと話合いが進むことがある。

また，グループで意見を集約しなくともよいこととしている。全体の場で自分の考えを4人別々に言ってもよい。同じ意見でも，「○○さんと同じで～」などと，リレー式でどんどん意見が出てくる。ただし，机間指導で「この順番に発表させよう」と思ったときに，スムーズに流れなかったり，出てきた意見の集約が難しかったりする。

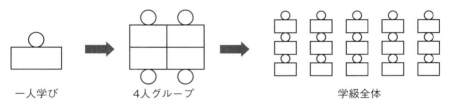

一人学び　→　4人グループ　→　学級全体

（内田　眞）

学研　学図　教出　廣あ　光文　日文　光村

高学年　A　善悪の判断，自律，自由と責任

うばわれた自由
自由の「意義」について考えを深める！

1　教材活用のポイント

　「自由」について思い浮かぶことを子供に挙げさせると，「何でも思いどおりになる」というような，少し幅広い捉えをしていることが多い。そのような捉えをしがちな子供たちにとって，この教材でのジェラールとガリューのやり取りは，自分勝手や他人の迷惑になるような行為は自由とは言えないことや，自らの自由を損なうことにもなってしまうことに気付かせることができるだろう。しかしながら，ジェラールは自由について全くの捉え違いをしていると言えるだろうか。ジェラールは，自分のしたいことをもち，自分の自由を大切にしようとしているのであり，それ自体は否定されることではないだろう。

　そこで，ジェラールの振る舞いをただ単に否定的に捉えることがないようにしながら，子供たちの自由についての捉えを幅広く許容しながら学習を進めるようにする。そして，子供たちの表出した自由の捉えとガリューの言動とを対比する。そうすることで，より一層自由がどうあるべきかについての考えを深めていくことができると考える。

2　学習内容の焦点化

●自分で自分のしたいことを決められることは，自由に不可欠な要素ではあるが，他人の自由を損なうものであってはならず，自分の自由と同様に，他人の自由も尊重すべきであること。

3　学習方法の視覚化

ハートの大小　「自由を大切にする気持ち」を4段階の大きさのハートで表し，違いと理由を比較しやすくする。また，終末で，評価の視点の一つである「自分自身との関わり」に関することとして，「これまでの自分」と「これからの自分」を比べて自己評価できるようにする。

4段階のハート

4　「分けて比べる」事柄

自由の捉え　ジェラール王子と森の番人ガリューの自由に対する捉えを板書上で対比的に分けて比べることで，自由とわがままの違いや，自由な考えや行動と責任の関係について考えを深めることができるようにする。

指　導　案

(1) ねらい　[高学年　A　自由を大切にし，自律的に判断し，責任ある行動をすること。]

　自分だけの自由とみんなのための自由を大切にする気持ちの大きさを比較することを通して，自分の自由と同様に他人の自由を尊重しようとする態度を培う。

(2) 学習過程

	学習活動・学習内容	主な発問と子供の反応	○教師の支援／◆評価
導入2分	1　自由を大切にしているかどうか，自己評価をする。 ・自由を大切にすることについての自己評価	・考えたことなかったな。 ・大切にしていると思う。 ・大切にできていないかもしれないな。	○本時のめあてに関わることを問いかけ，自己評価をさせることで，学習の見通しをもつ。

　　　　　　　　　　　自由を大切にするとはどういうことなのか考えよう。

	学習活動・学習内容	主な発問と子供の反応	○教師の支援／◆評価
展開33分	2　ジェラールとガリューの自由を大切にする気持ちの大きさを比べて話し合う。 ・自由とわがままの境界 ・自由ときまり，自由と責任の関係性 3　本当の自由を大切にするとはどういうことなのかを話し合う。 ・自分の自由と同様に、他人の自由を尊重すること	発ジェラールとガリューの自由を大切にする気持ちの違いは何か。 ・ジェラールは自分だけの自由を大切にしているけど，ガリューはきまりの中の自由を大切にしているのではないかな。 発本当の自由を大切にするとはどういうことなのだろうか。 ・わがままな気持ちを取り除くことだと思う。	○自由を大切にする気持ちの大きさを，ハートの選択と理由で説明できるようにする。 ◆評価の視点① ○ハートの選択によって自由の捉え方の差異を明確に示し，ペアや全体で意見交流することで，自由についての考えを深めさせる。 ○子供の意見を類別して板書し，キーワードを明示しておく。
終末10分	4　自分自身の自由を大切にする気持ちを踏まえ，振り返りをノートに書く。 ・今までやこれからの自分	・今までは，自由は勝手だと思っていた。でも，きまりを守る自由があると知ったので，自由はいいんだと思えるようになった。	◆評価の視点② ○「これまで」の自分と「これから」の自分の自由を大切にする気持ちの大きさのハートを選択する。

(3) 評価の視点（①多面的・多角的な見方　②自分自身との関わり）

① 　互いの自由についての捉え方の違いを踏まえて，自他の自由を尊重することの大切さについて考えようとしている。

② 　自由を大切にするということについて，自分自身の生活や経験と比較しながら学習している。

板書例

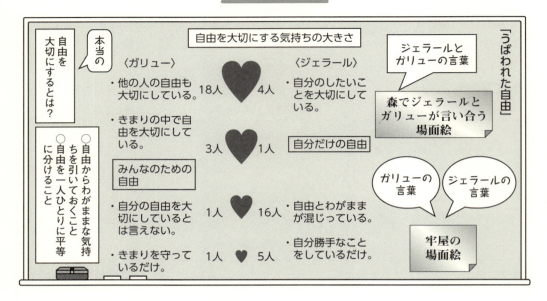

(**POINT** 本授業の中心場面!!)
● 子供たちの発言から，ねらいを焦点化した場面

展開2 ジェラールとガリューの自由を大切にする気持ちの大きさを比べて話し合う。

発問 ジェラールとガリューの自由を大切にする気持ちの違いは何かな。

・きまりを守ることが自由を大切にすることなのかな。
・きまりを守ると，みんなの自由が大切にされると思う。

したいことをしたいようにすることが，自由を大切にすることなのかな。

自由とわがままが混じっている感じがする。

○ジェラールとガリューの自由を大切にする気持ちの大きさを，四つの大きさのハートの中から一つ選択させ，その理由を全体で交流することで，子供たちの自由に対する捉えの違いを明確にした。

◎子供たちは，互いの意見に対して「お尋ね」をしながら積極的に意見交流をした。特に，「したいことをしたいようにすることを自由と認めてよいのか」，「きまりを守ることが自由を大切にすることなのか」ということに着目し，活発に議論を進めた。教師は，子供たちの意見を類別しながら板書し，「みんなのため」，「自分だけ」などのキーワードを明示しておいた。ある程度キーワードが出てきたところで，ジェラールとガリューの自由を大切にする気持ちの違いを問うた。ジェラールは「自分のための自由を大切にしている」，「ガリューは全ての人のための自由を大切にしようとしている」という自由に対する視座の違いが浮き彫りになった。

評価に生かす「よさを発揮した子供の姿」!!

●評価の視点②(自分自身との関わり)

　展開3では,本当の自由を大切にするとはどういうことなのかを,展開2で出てきたキーワードをヒントにグループで話し合わせた。その際,考えは短く一文にまとめさせた。その後,各グループから出てきた考えを全体で交流し,学級としての問いに対する考えをまとめさせた。
　・本当の自由とは,自由からわがままな気持ちを引いておくこと。
　・本当の自由とは,自由を一人一人に平等に分けるということ。

　展開2において,子供たちが積極的に意見交換できていたことが支えとなり,子供たちなりの表現で,本時の学びを基に本当の自由についての考えをまとめることができていたように思う。終末では,「これまで」と「これから」の自分の自由を大切にする気持ちの大きさを比べながら,自分の課題や,これからどうしたいかなど振り返りを書かせた。なかなか書けない子に対しては,「どうしてその大きさのハートを選んだのか」,「どうしてハートの大きさに変化があったのか(変わらなかったのか)」を問いかけながら書くことを促した。振り返りの際に,視覚化の手法を用いることで,なかなか思いを言葉にできない子供たちを支えることができることを実感した。以下は子供の振り返りの内容である。
　・A児:これまでは,自分さえよければと思っていたけど,これからは,人の自由も大切にすることで自由の幅を広げ本当の自由を大切にしたい。
　・B児:これまでは,自由は自分だけのもののように思っていた。これからは,自由をみんなで分け合うようにしていきたい。

授業展開のアレンジ～思考ツールの活用～

　本授業は,「自由を大切にする気持ちの大きさ」を,ジェラール,ガリュー,自分自身の三つの視点で考え,比べる学習である。今回は,一つの視点ごとに子供たちの自由の捉えの差異を表出させることで,議論のきっかけを生じさせ,考えを深めていった。授業展開のアレンジとして,Yチャートの活用が考えられる。同時に三つの視点から個人でYチャートに書き込み,それぞれのチャートを見比べながらペアで意見交流をすることができる。また,グループで一つのYチャートに表しながら意見交流することもできる。意見交流後,学級全体で「本当の自由を大切にするとはどういうことなのか」を話し合い,まとめていくことで,考えが深まっていく。

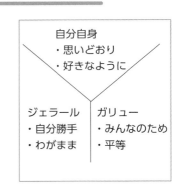

(川上　昌秀)

| 廣あ | 東書 | 日文 | 光村 |

高学年　A　節度，節制

流行おくれ
わがままを言う前に，まず，自分の生活を振り返ってみよう！

1　教材活用のポイント

　子供たちは，目の前の多くの情報に左右されやすく，自分の考えや思いを見失ったり，周囲の意見につい流されてしまったりすることがある。自分の欲望や周りの人の意見に考えなしに賛同することなく，自己統制ができる力を育成することが大切である。

　みどりは，友達の着ている服装を見てほしくなり，母親に買ってほしいと頼むが，断られてしまう。むっとした気持ちのまま部屋に行くと，弟が自分の部屋の机の上で何かを探していたので思わず八つ当たりして怒鳴ってしまう。このようなことは子供たちの身近にありがちな出来事である。母と弟のやり取りを通して，物の大切さや，身の回りの整理整頓のことなど振り返り，節度を守って節制に心掛けることの大切さに気付くのにふさわしい教材である。

2　学習内容の焦点化

- 自分の欲望のまま生きずに，自分の物欲や欲望をコントロールすることが大切なこと。
- 自分の生活態度を振り返り，節度を守り節制に心掛けること。

3　学習方法の視覚化

挿絵と吹き出し　挿絵と吹き出しを掲示し，教材の内容や人物の気持ちを端的に分かりやすくする。

ハートの心情曲線　みどりの気持ちをハートで表し，そのときの気持ちを大きさや色に表し対比したり，ハートをつなげて心の動きや変化を分かりやすくしたりする。

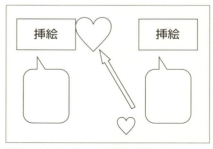

挿絵や吹き出し等による場面の比較

4　「分けて比べる」事柄

人物　母と弟，部屋を見つめるまゆみの挿絵や吹き出しの言葉を比べることで，3人の考えや生き方を対比できるようにする。

考え　ハートの大きさや色を比べることで，まゆみの怒りや反発の心がだんだんと大きくなった一方で，弟の言葉から自分の言動を反省し，よりよい生活習慣に改善したいという心へつながっていったことが分かりやすいようにする。

指 導 案

(1) ねらい ［高学年　A　安全に気を付けることや，生活習慣の大切さについて理解し，自分の生活を見直し，節度を守り節制に心掛けること。］

　わがままをすると，自分や周りの人に不快な思いをさせることについて話し合い，自分の生活を見直すことの大切さについて考えを深め，節度を守り節制に心掛けようとする態度を養う。

(2) 学習過程

	学習活動・学習内容	主な発問と子供の反応	○教師の支援／◆評価
導入5分	1　みんなが持っているからとねだった経験を想起する。 ・わがままを言った自分の経験	・友達がゲームを持っているので自分もと言った。 ・友達の持っている携帯を見て，ほしいと言った。	○わがままを言って困らせたことが誰にもあることに気付かせる。

　　　　　　　　　　　　　美しい生き方について考えよう。

展開30分	2　教材を読み，まゆみの考えを話し合う。 ・反発心 ・八つ当たり 3　まゆみが気付いたことを話し合う。 ・自分自身のわがままさ ・自分の生活のだらしなさ ・困らせていた自分	発ジーンズを買ってもらえない，弟から本を返せと言われてどう思うか。 ・けち，買ってほしい。 ・流行遅れは嫌だ。 ・黙って人の部屋に入るな。 ・本のこと忘れていた。 発自分の部屋を見回してまゆみは何を考えたか。 ・わがままだったなあ。 ・だらしないなあ。 ・悪く言ってごめんなさい。	○原因を考えやすいように，挿絵やカードを貼り時系列で範読する。 ○絵やカードも参考に原因を探り，そのときの心の様子についても意見を出させ，ハートの色や大きさで表す。 ◆評価の視点① ○出てきた意見を整理して板書し，まゆみが思ったことに気付きやすいようにする。
終末10分	4　学習を通して，大切にしたいと思ったことを書く。 ・生活を見直すこと ・よい生活習慣を身に付けること	発今日の学習で，大切にしないといけないと思ったことは何か。 ・自分にためにも人のためにも生活を見直したい。	◆評価の視点② ○初めに全体で価値付けたことを整理し，振り返りやすいようにする。

(3) 評価の視点（①多面的・多角的な見方　②自分自身との関わり）

① 部屋を見渡して変わっていった心の様子を，吹き出しなどから考えようとしている。
② 生活を見直し改めたいという思いを，自分の生き方と関連して考えようとしている。

板書例

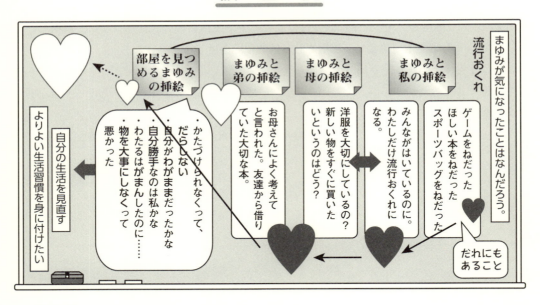

POINT 本授業の中心場面!!
● ハートの色や大きさでまゆみの心情を表し，話し合う場面

展開3 まゆみが気付いたことを話し合う。

発問 自分の部屋を見回して，まゆみは何を考えただろうか。

・洋服を大切にしない上に，もっとほしがってよくなかった。わがままだった。
・わたしだけ流行おくれと言って，迷惑をかけた。
・本を大切にしないで，置きっぱなしにしてよくなかった。
・わたるは母の言いつけを聞いて，きちんとがまんをしたんだな。それなのに，自分はほしがってよくなかった。

○意見を出しやすいように，ヒントとなる言葉を書いた吹き出しを事前に貼っておく。
○出てきた意見を整理するために，色チョークで「だらしない」，「わがまま」，「自分勝手」等を分かりやすく吹き出し風に板書する。
○「だから，どうしたらよかったと思っているのかな」と投げかけ，具体的な方法等が挙がってきた場合，色チョークで書き，囲むなどして分かりやすくする。
◎まず，まゆみが思ったことを書き出し，それに対しての具体的な方法等が出せるようにしたことで，時間はかかったが，「わがままをしない」，「身の回りの整理整頓をする」などの意見が出てきた。また，ハートに色をつけ，線で結んだことで，まゆみの今後がハッピーに見えてきたことで，子供たちの生き方にもプラスにつながった。

評価に生かす「よさを発揮した子どもの姿」!!

●評価の視点①（多面的・多角的な見方）

　子供たちは，まゆみの心をハートの色や大きさで表す活動の中で意欲的になる。「わがままだから，黒色」，「自分勝手だから，藍色」……理由を聞くと，「よくないことだから，暗い感じの色」とのこと。色を発表することで，いろいろな見方・考え方に気付くことができた。しかし，「自分たちにも似たところはないかな」と，問いかけると，「やっぱり青色かな」，「水色」と言い換える。自分には甘いようだ。また，だんだんと大きくなっていく理由を聞くと，「『だらしない』＋『わがまま』＋『自分勝手』＝『3倍くらい大きい』」とのこと。まゆみの心の中や，価値についてしっかりと考えていた。

| 自分勝手だから，黒や藍色のような暗い色だと思います。 | | 自分のことを反省しているのでピンク色だと思います。 | | 「わがまま」だし，「自分勝手」。そして，「だらしない」ので，3倍の暗いハートだと思います。 | |

●評価の視点2（自分自身との関わり）

　終末では，「3倍くらい大きい」の発言に関連付けて，次のような振り返りがあった。
・A児：わたしも，まゆみさんのようなことがありました。いやなことがあったら，少しのことで弟に当たってしまいます。3倍の黒いハートにどっきりしました。自分のことで弟に当たらないようにし，せめて水色で止めておきたいです。

板書構成の工夫

　一度の範読で内容の理解が難しい子供たちにとって，今回のように教材が長い場合は，事前に挿絵や大切な言葉などを吹き出しやカードで場面設定しておき，範読と合わせて板書をなぞると，場面の状況や原因などが理解できるので，大変有効である。一方で，子供の意見を板書する場所が少なくなることも起きてくる。そこで，出てきた意見のところに色つきの丸磁石を貼ることで，出てきた意見を板書する時間やスペースが省略できる。長い教材を扱う場合は，範読，考える，書く，話合いの時間配分を予め十分考えることが大切である。

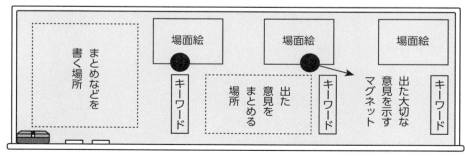

（内田 眞）

| 学研 | 廣あ | 東書 | 日文 |

高学年　B　親切, 思いやり

くずれ落ちただんボール箱
相手の立場に立つよさと難しさを考えられる人に

1　教材活用のポイント

　内容項目B「親切, 思いやり」をねらいにして活用する教材である。高学年は,「誰に対しても思いやりの心をもち, 相手の立場に立って親切にすること」が内容項目となっている。この教材では,「誰に対しても」は「初めて出会った人」, 及び「わがままな幼児」として描かれている。高学年とはいえ, 教師を含め大人にとっても難しい内容である。

　この実践では, 店員に誤解され叱られた後, おばあさんにお礼を言われる場面を中心に扱う。その話合いに十分な時間を割くため, おばあさんの代わりに段ボールを片付ける場面と店員に叱られる場面を対比的に一度に扱い, 心情の違いなどを検討する。

2　学習内容の焦点化

- 親切の対象として, 内容項目の「誰に対しても」に対応し,「初めて出会った見知らぬ人」を強調すること。
- 「その場の状況を踏まえて, 相手の立場に立ち親切にすることのよさと難しさ」について考えること。

3　学習方法の視覚化

数値化, 段階化　「心の温度計」,「表情絵」により, 人物の心情を数や段階で見える化する。

相似的扱い　板書とプリントの構造をよく似た構成にして, 分かりやすさを支援する。

分　類　板書上で意見を「分類, ナンバリング」することで, 思考を整理する。

一文表記　考えたこと, 学んだことを一文で表し, 学習内容を端的に「見える化」する。

4　「分けて比べる」事柄

場　面　代わりに片付ける場面と叱られる場面を対比して, 双方の「親切にしようとする気持ちの大きさ」を「心の温度計」と「表情絵」で分けて比べられるようにする。

考　え　中心発問に対する子供の発言を「分類, ナンバリング」することで, それぞれの考えを対比・検討できるようにする。

指　導　案

(1) ねらい　［高学年　B　誰に対しても思いやりの心をもち，相手の立場に立って親切にすること。］

　誤解を受けながらも人に親切にするときの動機や気持ちを話し合うことを通して，誰に対しても思いやりの心をもつ難しさについて考え，相手の立場に立って親切にしようとする心情を深める。

(2) 学習過程

	学習活動・学習内容	主な発問と子供の反応	○教師の支援／◆評価
導入5分	1　一枚絵を見て感想を発表した後，教材を聞く。 ・親切な行為への関心	・段ボールが崩れている。 ・おばあさんが困っている。 ・どんな気持ちかな。	○最初の範読では，朝会の場面は提示しない。

「くずれ落ちただんボール箱」を読んで，「親切，思いやり」について考えよう。

	学習活動・学習内容	主な発問と子供の反応	○教師の支援／◆評価
展開30分	2　二つの場面を比べて違いを話し合う。 ・二つの場面の状況の違い ・親切にしようとする気持ちの変化とその理由 3　親切にすることのよさや難しさについて話し合う。 ・初めて会った相手を思いやることや親切な行為をすることのよさや難しさ ・親切にしようとする意欲	発1，2場面で「親切にしようとする気持ち」の大きさを「温度計」と「表情絵」で表しましょう。 ・上より下が低い温度だ。 発戻ってきたおばあさんにお礼を言われたとき，どんなことを考えていただろうか。 ・もやもやした気持ちなどいろいろあるね。	◆評価の視点① ○対比的な二つの場面での心情を視覚化し，自分事として捉えさせる。 ◆評価の視点② ○人物の心情を分類，検討し，多面的・多角的に捉えさせることで，各自の親切観を深めることができるようにする。
終末10分	4　学んだことを振り返り，感想を交流する。 ・親切など学んだことをまとめること ・各自の親切観 ・これからの自分の在り方	発学んだことを一文で表し，感想を交流しよう。 ・親切にすることは難しいけれど，すばらしい。 ・これから，自分もそうできるといいと思う。	○朝会の場面を紹介する。 ○自分の学びを一文で表現することで，端的に，また，視覚的に学びを振り返ることができるようにする。

(3) 評価の視点（①自分自身との関わり　②多面的・多角的な見方）

① 親切にする場面に応じて，自分ならどうするか等，自分事として考えようとしている。
② 親切にするよさや難しさについて，様々な立場や意見を踏まえて考えようとしている。

板書例

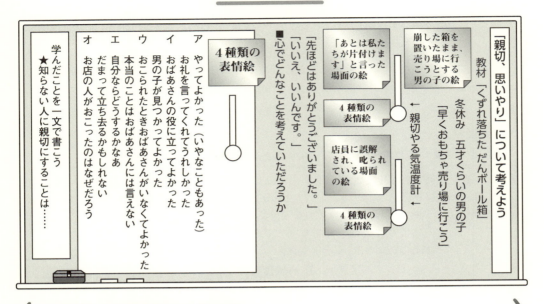

POINT 本授業の中心場面!!
- 誤解されながらも，おばあさんに本当のことを言わずに，その場を立ち去った人物の心情を多様に想像しながら，親切にすることのよさ，難しさを考える場面

展開3 親切にすることのよさや難しさについて話し合う。

発問 戻ってきたおばあさんにお礼を言われたとき，どんなことを考えていただろうか。

○初めに，「親切やる気温度計」と「表情絵」で心情を視覚化した上で，話合いを行った。
- やってよかった（いやなこともあったけれど）。お礼を言ってくれ嬉しかった。
- おばあさんの役に立ってよかった。男の子が見つかってよかった。
- 怒られたときおばあさんがいなくてよかった。本当のことはおばあさんには言えない。
- 自分ならどうするかなあ。黙って立ち去るかもしれない。　他

○「ランダムな発表→教師が類別しつつ板書→教師が違いを簡単に確認→全体での検討」となる。
○まず，最後の「誤解による叱責」を取り上げ，全員の理解を揃えた。その後，「質問や納得した考えなどを出してください」として，全体の検討を行った。「怒られたときにおばあさんがいたらなぜよくないのか」，「おばあさんに言えない本当のこととは何か」という質問を受けて，「人の代わりに後始末をするという親切な行為を，誤解とはいえ叱責されたとき，あえて，本来後始末をしなければならない人に対し事実を伝えなかった心情」に気付かせることとした。これは，本当に相手の立場に立つことのよさであり，また，難しさでもある。
◎これらの活動を踏まえて，終末の「学んだことを一文で表す」活動につなげることができた。

評価に生かす「よさを発揮した子供の姿」!!

●評価の視点①（自分自身との関わり）

対比的な二つの場面での心情を視覚化し，自分事として捉えさせる。数値化したり，表情絵を選択したりすることはどんな子供にも容易にでき，互いに違いもよく分かる。

【「私たちが片付ける」と言った場面】
迷子になってしまうから，早く追いかけてください。やっておきます。

【誤解され店員に叱られる場面】
本当は自分たちがやったんじゃないんだけどな。いやな気持ちだなあ。

選択の理由を出し合うとき，「自分なら」という思考が働くので，ペアやグループで自分のプリントを示し合いながら話し合う様子や授業後プリントを教師が確認することで，「自分自身との関わり」に関する子供の姿をつかむことができる。

●評価の視点②（多面的・多角的な見方）

親切な行為を支える心情は，様々ある。「一面的な見方から多面的・多角的な見方へと発展している子供の様子」を評価するため，教師はプリントの記述，話合いの様子を観察する。

個人内評価のため，書くことが苦手な子供が，これまでよりもしっかり書いていたり，発言が不得意な子供が友達の発言にいつもよりも耳を傾けていたりする姿を捉えるようにする。

自己評価活動の仕組み方

教師による子供の評価は計画に従って，適切に行うことが必要である。それに加え，子供が自分の学習を振り返ることも大切である。

教師による子供の評価は，数値で行うことは許されない。しかし，子供の自己評価は，視点を定め，数値などを使って行うことも効果

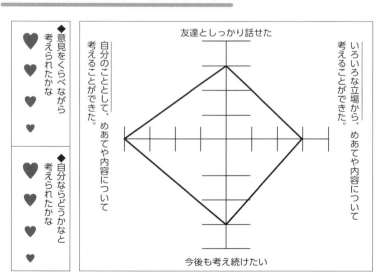

的である。右は高学年向きの4視点の自己評価である。左は低，中学年向きの上下2視点の自己評価である。四つのうち一つのハートに○を付けて振り返る。

（坂本　哲彦）

| 学研 | 学図 | 廣あ | 日文 | 光村 |

高学年 ｜ B ｜ 相互理解，寛容

すれちがい
道徳科でチーム・ティーチング！

1　教材活用のポイント

　本教材の特徴は，よし子とえり子が相手のことを一方的に書いた日記が別ページに記されている点である。なぜ心のすれ違いを生んでしまうのか，周囲の人とよい関係を築くためにはどのような心を大切にすればよいのかということについて，考えを深めるのに適した教材である。

　本実践では，Ｔ１の道徳教育推進教師とＴ２の学級担任でティーム・ティーチング（以下，「ＴＴ」）を行った。よし子とえり子の立場にそれぞれ子供と教員を分け，相手に対する不満について話し合う場を設定した。それぞれのグループに分かれて話合いを支援することで，思いを受け入れられないときの気持ちをより深く理解しようとすることができると考えた。学習指導要領で示されている「協力的な指導などについての工夫」を行った授業である。

2　学習内容の焦点化

- 自己本位な考えによって心のすれ違いを生んでしまうこと。
- 心のすれ違いを生まないために，相手の言うことを素直に聞こうとしたり，相手の立場を尊重しようとしたりすることが大切であること。

3　学習方法の視覚化

ホワイトボード　よし子とえり子の相手に対する不満を，Ｔ１とＴ２がボードに整理することで，自己本位な考えに対して共感的な理解を促す。

付箋紙　心のすれ違いを乗り越えるために大切だと思う考えを付箋紙に書き，分類しながら黒板に貼らせることで，自己のよりよい生き方に対する考えをもつきっかけにできるようにする。

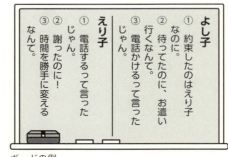

ボードの例

よし子
① 約束したのはえり子なのに。
② 待ってたのに，お違い行くなんて。
③ 電話かけるって言ったじゃん。

えり子
① 電話するって言ったじゃん。
② 謝ったのに！時間を勝手に変えるなんて。
③ 電話するって言ったじゃん。

4　「分けて比べる」事柄

立場　よし子とえり子の立場で，子供と教員を半分ずつ分け，気持ちを話し合う場を設定し，自己本位な気持ちがすれ違いを生んでしまうことに考えを深められるようにする。

指　導　案

(1) ねらい ［高学年　C　自分の考えや意見を相手に伝えるとともに，謙虚な心をもち，広い心で自分と異なる意見や立場を尊重すること。］

　　相手とすれ違っているときの気持ちについて話し合うことを通して，自己本位な考えが相手とのすれ違いを生むことについて考えを深め，広い心で自分と異なる立場を尊重しようとする判断力を高める。

(2) 学習過程

	学習活動・学習内容	主な発問と子供の反応	○教師の支援／◆評価
導入10分	1　よし子とえり子の気持ちを話し合う。 ・相手に対して不満に思う気持ち	・電話するって言ったのに，何でしないの。 ・勝手に集合場所に行ったのはどうしてなの。	○互いの日記が見えないように，別々の教室で教材に触れ，その後に考えを交流するようにする。

どうすれば，友達とよい関係を築くことができるか考えよう。

	学習活動・学習内容	主な発問と子供の反応	○教師の支援／◆評価
展開25分	2　読んでいないほうの日記を読み，2人がすれ違った理由を話し合う。 ・心がすれ違う理由 ・自己本位な考え 3　2人がすれ違わないために大切な考えについて話し合う。 ・相手の言うことを素直に聞こうとするよさ	発どうして2人の心はすれ違ってしまったのか。 ・腹が立ったからだよ。 ・相手のことを考えられなかったのだね。 発どうすれば，2人は心のすれ違いを乗り越えられるか。 ・話を聞いてあげること。 ・相手の気持ちになること。	○T1が発問や問い返しを行い，T2が指名や子供の見取りを行うことで，話合いを深められるようにする。 ◆評価の視点① ○不満に思う気持ちやすれ違った理由を基に，すれ違わないための考えを付箋紙に整理する。
終末10分	4　友達とよい関係を築くために大切な考えを整理する。 ・相手の立場を尊重するよさ	発友達とよりよい関係を築くために大切なことは何か。 ・まずは話を聞くことだよ。怒ってしまうと，相手の気持ちが分からないからね。	◆評価の視点② ○付箋紙の分類を基に，自己の生き方に取り入れられそうなものを選択し，その選択した理由をノートに整理させる。

(3) 評価の視点（①多面的・多角的な見方　②自分自身との関わり）

① 自分の考えと友達の考えとを比べながら，すれ違いがなくなるために大切なことを考えようとしている。

② 自分の今までの心のすれ違いを見つめながら，取り入れたい考えを判断している。

板書例

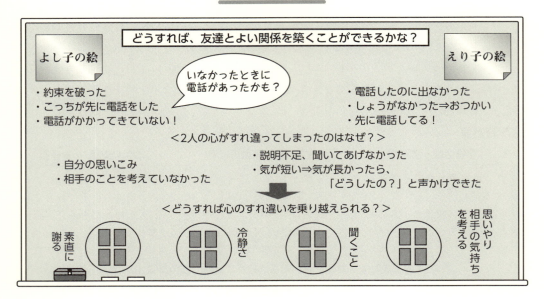

(**POINT** 本授業の中心場面‼)
● 心がすれ違わないために大切なことを話し合う場面

展開3　2人がすれ違わないために大切な考えについて話し合う。

発問　どうすれば，2人は心のすれ違いを乗り越えられると思うか。

- 思いやりの気持ちをもつことだよ。今日の勉強では，相手の気持ちを考えることが思いやりだと思ったよ。
- 聞こうとすることが大切だと思ったよ。なぜなら，相手の気持ちを分かってあげようとする気持ちが大事だと思ったからね。
- 素直に謝ることや冷静でいることも大事だと思ったよ。

○すれ違いを乗り越えるための考えを付箋紙に書かせ，分類しながら黒板に貼らせた。そうすることで，心のすれ違いを乗り越えるために大切な考えの視点をもてるようにした。
○付箋紙に書かせる際，T1は個別の支援を行い，T2は意図的指名の順番を考えながら机間指導を行った。そうすることで，話合いが効果的に進められるようにした。
○「聞くこと」や「素直に謝ること」など，行為に目を向けられた発言が見られた。その際，「どうして聞くことが大切なのか」などと，その行為を取る理由について問い返すことで，心に目を向けて考えられるようにした。
◎教師の役割分担によって，個と全体の活動が結び付き，話合いを深めることができた。2人で授業を進めることで，T1は余裕をもって子供の考えを聞くことができ，効果的な問い返しを行うことができた。

評価に生かす「よさを発揮した子供の姿」!!

●評価の視点①（多面的・多角的な見方）

展開3で，心のすれ違いを乗り越えるために大切な考えを付箋紙に書かせ分類させた。そうすることで，友達の書いたものと自分の書いたものとを自然と見比べながら，「なるほど，それもいいね」と，友達の考えに触れることができた。また，友達の考えとの共通点や相違点を探りながら，「思いやり」

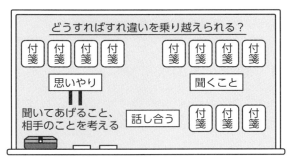
子供の貼った付箋をネーミングしたボードの様子

や「聞く，わかろうとすること」など，これからのよりよい生き方に向けた視点をもつきっかけともなったようである。

●評価の視点②（自分自身との関わり）

「最近，ちょっとしたことで怒ってしまい，友達とけんかをしたことがありました。今日の勉強で，友達の言うことを少しでも聞いていれば，誤解もなくてよかったのだと思いました」

道徳ノートに子供が記述していた例である。本時で学習したことを，自分の生活と関連付けながら，これからの適切な行動を判断したり，その判断の理由について考えを深めようとしたりしている姿だと考える。

道徳授業におけるＴＴ

TTの場合，打合せ時間の確保が一番の課題である。授業の準備は授業を主導する者が行い，T2は指名や受け止め，最後の説話などと役割を決めておいたので，スムーズに打合せを行えた。

TTを活用する効果は，子供の学習意欲を高められることである。振り返りに，「またTTの授業を受けたい」，「これからも道徳授業をがんばりたい」という記述が多く見られた。また，教師の立場からすると，授業づくりや指導技術を学び合う機会となる。

一方，留意点は，ねらいを教師が共有することである。2人で授業をすることで，授業のねらいに一層近づくよう，学習内容を共有したり，想定される発言を基に簡単な問答を行ったりすることが大切であろう。授業後に子供の発言や様子を交流することで，評価にも生かすことができる。

（久保田 高嶺）

学図 教出 光村

高学年 ／ C ／ 国際理解，国際親善

ブータンに日本の農業を
日本と他国がうまく交流するには

1 教材活用のポイント

　子供たちが使っている物，食べ物などは，他国で生産された物が多く，日本と他国との関わりは深い。グローバル化が進展する中，子供たちには，より他国の文化や生活を理解し，尊重することが大切である。

　しかし，その大切さは分かっていても，理解し尊重することは容易ではない。本教材は，西岡京治さんがブータン王国に貢献したことが書かれている。日本人が他国のために生涯をかけて貢献したことを知ることで，他国との関わり方について考えることができる教材である。

2 学習内容の焦点化

- 日本について知っていること，他国について知っていることを整理し，交流することのよさにつなげていくこと。
- 相手の考えを尊重することや自分の考えを押し付けないこと等が，他国と交流する上で大切であることに気付き，学んだことをまとめていくこと。

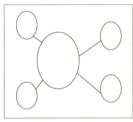
イメージマップ

3 学習方法の視覚化

イメージマップ 日本について知っていることとブータンについて知っていることをイメージマップで表し，交流する上で，他国のことを知ることが大切であると考えることができるようにする。

教材との出会わせ方 教材を読む前に，ブータンとはどのような国か知ることができる資料や西岡京治さんの紹介をテレビに映し出して見せ，西岡京治さんの生き方に関心をもって考えることができるようにする。

三分割された板書構造 三分割された板書構造　右が日本，左がブータン，真ん中に西岡京治さんの生き方について考えたことと板書を構造化し，交流する上で大切なことについて考えることができるようにする。

4 「分けて比べる」事柄

気付き イメージマップ化した日本とブータンとを比較することで，まずは相手のことを知ることが交流する始まりであると考えることができるようにする。

指 導 案

(1) ねらい ［高学年　C　他国の人々や文化について理解し，日本人として自覚をもって国際親善に努めること。］

　他国の人と生きるための努力や難しさについて話し合うことを通して，他国と関わり合うことの大切さを知り，他国の人の文化や生活について尊重する心情を深める。

(2) 学習過程

	学習活動・学習内容	主な発問と子供の反応	○教師の支援／◆評価
導入5分	1　ブータンや西岡京治さんのことについて知る。 ・教材への関心 ・自国や他国について知っていること	・ブータンってアジアにあるのだね。 ・西岡京治さんは日本人なのに，他国で国葬されたのだよ。	○ブータンや西岡京治さんのことが分かるスライドを見せることで，教材への関心を高めることができるようにする。

　　　　　日本と他国とが交流する上で，大切なことはどんなことだろう。

展開30分	2　西岡京治さんの生き方について話し合う。 ・他国の人々への接し方 ・交流の難しさ ・理解することのよさ 3　他国と交流する上で大切なことについて話し合う。 ・交流の大切さ ・他国の人々や文化を理解すること	発西岡京治さんのすばらしいところは何か。 ・自分よりもブータンのために努力しているね。 ・無理矢理教えるのでなく，相手に合わせているよ。 ・文化を認め合うことだね。	○すばらしいと思った理由を問い返し，交流することの難しさ等も考えることができるようにする。 ◆評価の視点① ○授業で学んだことを振り返るよう促すことで，導入との変容を自覚することができるようにする。
終末10分	4　学んだことを基に振り返る。 ・国際親善のよさ	・他国のことを知るためには，自分の文化を押し付けないことが大切だと分かったよ。	◆評価の視点② ○西岡京治さんの生き方から学んだことを今までの自分と比べて書く。

(3) 評価の視点（①多面的・多角的な見方　②自分自身との関わり）

① 国際親善を行う人の生き方のすばらしさについて様々な視点で考えている。

② 他国と交流する上で大切なことを自分と重ねて考えている。

板書例

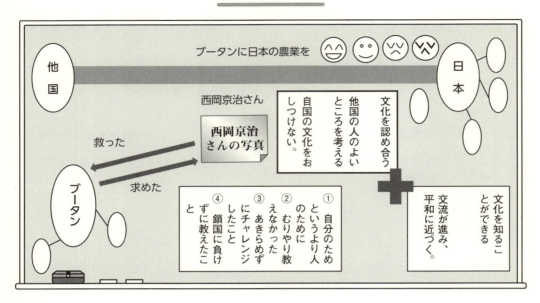

POINT 本授業の中心場面!!
● 西岡京治さんの生き方のすばらしさについて交流する場面

展開2 西岡京治さんの生き方について話し合う。

発問 西岡京治さんのすばらしいところは何か。

・自分のためよりも、ブータンの人のために努力したことがすごいなと思いました。
・自分の知識や技能を無理矢理教えるのではなく、ブータンの人のことを考えてゆっくりと教えたことだよ。
・農場が流されてもあきらめずにチャレンジしたことだよ。
・昔のブータンは他国の人を受け入れなかったのだよ。そういう状況なのに負けずに教えたのは偉いね。
・亡くなるまでずっとブータンにいて研究を重ねたのだよ。

○発言の理由を問い返すことで、すばらしさの根拠となるものは何かを深く考えさせたり、ブータンの人たちが受け入れた理由を考えさせたりするようにした。
○発言をナンバリングし、「一番すばらしいところはどれですか」と比べて考えさせた。そうすることで、今の自分と比べて考えさせることができるようにした。
◎教材を読んだ後、「西岡京治さんのすばらしいところは何ですか」という題で、ノートに自分の考えを書かせた。子供の発言に問い返しながら、考えを深めた後、「一番」について全体で交流させることで、西岡京治さんの生き方のよさの理解や自分との比較、交流することの大切さについて考えることにつなげていった。

評価に生かす「よさを発揮した子供の姿」!!

子供の発言のナンバリング化

●評価の視点①（多面的・多角的な見方）

　展開2で「西岡京治さんのすばらしいところは何ですか」と問うた。ノートに自分の考えを書かせた後，隣同士で意見交換をした。そうすることで，自信をもって発言できると考えたからである。子供たちが発言した内容を基に，交流することの大切さを考えさせるために，子供の言葉を基にして問い返した。「なぜ，ブータンの人たちは西岡さんのことを受け入れなかったのか」，「一番すばらしいと思ったことは何ですか。その理由は何ですか」などである。そうすることで，より深く考えることができた。その後，子供たちに「交流するために大切なことって何ですか」と問うと，以下のような言葉が返ってきた。

　・文化を認め合う
　・他国の人のよいところを知ろうとすること
　・むりに文化を押し付けないこと
　・まずは行ってみる。行ってみると発見がある

　そこから，学びを基に，自分と重ねて振り返りをさせた。

効果的な資料提示

　本授業は人物に焦点を当てた教材であるが，教師も子供も知らないことが多く，人物理解が重要となった。このように知らない人物や国などを扱う資料は様々にある。今回は，事前にインターネット等で西岡京治さんやブータン王国について調べた。

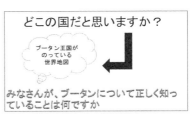

興味・関心を引き出す資料提示

　導入で西岡さんやブータンについて，教材理解をより深めていけるよう資料提示をした。ポイントは，短く正しく子供の関心を高めることである。情報を流すだけだと，子供が受け身で学習することもあるので，クイズ形式で写真提示をした。他にも音声や動画が考えられるだろう。教師が情報として知り，子供にとって必要な情報を授業展開によって提示していくことが大切である。そのためには，学びを深める上で必要な資料かどうかをしっかりと検討することが重要であると言える。

（森重　孝介）

| 学図 | 廣あ | 東書 | 日文 | 光村 |

高学年 | D | 自然愛護

一ふみ十年
何となく感じている自然の大切さを，より自分事に

1 教材活用のポイント

「一ふみ十年」は，勇が立山の遊歩道に生えている高山植物のチングルマの上に乗ってしまうことをきっかけに，チングルマの生態や「一ふみ十年」の言葉の意味を自然解説員の松井さんに教わりながら，その言葉の一つ一つに重みを感じる，という教材である。

「自然環境を大切にすること」は，多くの子供が何となく知っている。本教材の立山やチングルマは希少で特別な自然環境である。教材を読めばその偉大さを感じ，立山の自然を守るべきと考える子供は少なくないと思われる。一方で，子供たちが住んでいるふるさとの身近な自然に対しても，同じように守るべきと考える子供を育てたい。教材で学んだ「自然環境を大切にすること」について，ふるさとの身近な自然にも活用できるように，丁寧に指導していくことが必要になる。直接的な体験は難しいが，映像を通した模擬的な体験は可能である。

2 学習内容の焦点化

●自然を大切にする思いの強さは，自然の偉大さを知れば知るほど強くなっていること。
●自分にも，自然を大切にする思いや自然の偉大さを感じている心があることを自覚し，身近な自然を自分事として考えていこうとする意欲を強くすること。

3 学習方法の視覚化

抽 出 場面の時系列に合わせて，挿絵や写真，勇の心情が想像しやすい言葉を抽出し，上下に分けて提示することで，思考を整理しやすくしたり，比較して選択したりしやすくする。

映 像 立山の自然の偉大さが分かる写真だけでなく，ふるさとの身近な自然が分かる写真を黒板や電子黒板で提示して，身近なふるさとの自然のよさを模擬的に感じられるようにする。

写真を提示する電子黒板

4 「分けて比べる」事柄

発 問 内側発問「勇が自然を大切にする意味に気付いたのはいつ？」と外側発問「家やバスで高山植物を大切にすることをすでに教わったのでは？」をセットで問うことで，自然の大切さを視点に，より自分事として話合いを進められるようにする。

指 導 案

(1) ねらい ［高学年　D　自然の偉大さを知り，自然環境を大切にすること。］

　自然を大切にする意味について話し合うことを通して，自然の偉大さやその偉大さを感じている心があることに気付き，自分の身近な自然を大切にしようとする心情を深める。

(2) 学習過程

	学習活動・学習内容	主な発問と子供の反応	○教師の支援／◆評価
導入5分	1　立山の写真を見て，本時のめあてをつくる。 ・教材に対する関心	・きれいなところ。行ってみたい。立山というところなんだね。	○立山の写真を紹介し，関心をもって教材を読めるようにする。

自然を大切にすることについて考えよう。

	学習活動・学習内容	主な発問と子供の反応	○教師の支援／◆評価
展開28分	2　「一ふみ十年」を読んで話し合う。 ・自然の大切さを視点とした場面の比較 ・自然の偉大さを知ること ・物事を自分事で考えること	発勇が自然を大切にする意味に気付いたのはいつか。 ・胸がぎゅうっと痛んだとき。チングルマの年輪に気付いたから。 発家やバスで高山植物を大切にすることを教わっていたのではないか。 ・初めは他人事。 ・「一ふみ十年」を知って，意味が自分事になった。 発勇は自然を大切にすることについて，どんなことを学んだのだろうか。 ・自然や植物を知ること。 ・自分事で考えること。	◆評価の視点① ○勇の心情が想像しやすい言葉を抽出して比較できるようにし，ネームカードを貼るように促す。貼った場所についての考えを根拠とともに語らせる。 ○心情曲線を用いて，知ることと自然を大切にする思いの強さを関連付けられるようにする。
終末12分	3　ふるさとの自然の写真を見て，学んだことについて振り返る。 ・身近な自然を大切にしようとする思い	・地域の自然を守っている人もいると思うから，もっと地域の自然を知りたいです。 ・自然のことを考えて行動したいです。	◆評価の視点② ○ふるさとの自然の写真を提示し，高山植物から身近な自然へと一般化して振り返らせる。

(3) 評価の視点（①多面的・多角的な見方　②自分自身との関わり）

① 自然を大切にする意味について，教材を基に自分なりに考えようとしている。
② 身近な自然の大切さについて，自分自身の生活経験と比べながら考えようとしている。

板書例

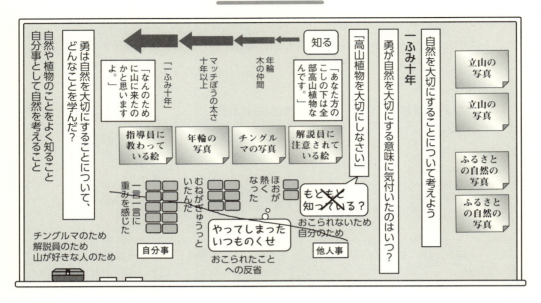

POINT 本授業の中心場面!!
● 何となく感じている自然の大切さを，より自分事にして考える場面

展開2 勇が自然を大切にする意味に気付いたのはいつなのか話し合う。

発問 チングルマのことを知ることで，自然を大切にする意味に気付いていったということですね。でも，「高山植物を大切にしなさい」と家を出る前にお父さんに聞いたり，バスの中で注意されたりしているけれど，このときから気付いているのではないですか？

- 確かに聞いていたけど，いつもの癖のように草むらに腰を下ろしてしまったから違う。
- きっと，「やってしまった」と思っていると思う。
- このときは，他の人に怒られたくない気持ちが強くて，自然じゃなくて自分のためだった。きっとAさんが言った「やってしまった」も怒られたことへの反省ではないかな。
- お父さんに教えてもらっても他人事だった。
- チングルマのことを知れば知るほど，自分事になって自分の行動への反省が強くなったんだろうね。

○ネームカードや心情曲線を用いて，知ることと自然を大切にする思いの強さの変容を視覚化した上で，上記のように問い返した。その中で出た「他人事」という子供の発言を取り上げて，「この中に『自分事』があるの？」とさらに尋ねた。

◎何となく感じている自然の大切さをより自分事として考えさせたい。そこで，上記のように問い返すことで，自然の大切さを視点に，より自我関与しながら話合いを進め，自然を大切にする意味やそのよさについて，自分なりの考えを深めることができた。

評価に生かす「よさを発揮した子供の姿」!!

●評価の視点①（多面的・多角的な見方）

「自然を大切にする意味について，教材の人物の心情を基に自分なりに考えようとしていること」が評価の視点①である。

展開前半では，手立てとして，人物の心情が想像しやすい言葉を抽出し，比較しやすくした。そして，ネームカードを用いて子供たちの思考を視覚化した。子供たちは，ネームカードを貼りながら，ネームカードの位置を見比べたり，その理由を語ったりしていた。また，友達の選択の理由を聞く中で，ネームカードの位置を貼り替えたいと訴える子供の姿もあった。

展開後半には，「勇は，自然を大切にすることについて，どんなことを学んだのだろう」と問うた。これは，教材の人物を通して本時の学習内容を整理し，自然の大切さについての考えを見つめ直すためである。子供たちからは，次のような発言が現れた。

- 自然や植物のことをよく知ることが大事だということ。
- 知るから，自然を大切にしようと意識できるということ。人を大切にするのと同じ。
- 知ったことを使って，自然を大切にする行動を取ろうと思うこと。みんなにも伝える。

本時の学習内容の整理

これらの発言は，本時の学習を生かして自然を大切にする意味について，自分なりに考えることができたものと言える。教師は，発言者の様子を確認しながら発言にうなずく子供の姿を見取り，発言者の考えのよさに気付けたことを価値付けし，終末の学習活動に移った。

内側発問の問い方を工夫して，より自分事に

子供一人一人が自分事として道徳的価値について考えるために，教材の人物の立場になって考えさせることが多い（内側発問）。「○○はどんなことを考えたのか」，「どうして△△したのか」など心情や行動を基に発問するのだが，教材の展開をなぞるだけの授業や，心情や行動ばかり問う授業に陥らないように注意しなければならない。

そこで，「（人物が道徳的価値について考えを深めたのは）いつ？」という内側発問を紹介する。このような問い方の工夫をすることで「初めは○○だったけれど，終わりでは△△になった」と自然に自我関与をしながら，教材の展開や心情を把握していくことができる。本実践でも，自然の大切さを視点に，より自分事として自分の考えを語る子供たちの姿が見られた。

内側発問の工夫の例
- （人物が道徳的価値について考えを深めたのは）いつ？
- 人物はどこで（道徳的価値のよさに）気付いていたのか？
- など

（藤元　崇彰）

学研　学図　教出　廣あ　光文　東書　日文　光村

高学年　A　正直, 誠実

手品師
自分のことも相手のことも真剣に考えられる人に！

1　教材活用のポイント

　子供は，男の子を思いやり，約束を守ろうとする手品師の気持ちはよく分かる。しかし，手品師の夢を叶えたいという気持ちをしっかりと感じ取れる子供は少ない。したがって，手品師の迷う気持ちを捉えるために，大劇場で手品を披露したい気持ちを感じ取らせることが大切である。

　また，手品師は，迷いながらも大劇場を選ばず，男の子を選ぶ。そのため，子供は，男の子を思いやる姿を誠実な姿だと捉えがちである。そうではなくて，手品師が迷いに迷った姿を誠実な姿として捉えさせたい。つまり，「誠実とは，自分の判断に関わる人の気持ちを真剣に考え決断するということ」への気付きを深めることが重要である。

2　学習内容の焦点化

- 「夢を叶えたい」という自己実現したい気持ちを十分に感じ取ること。
- 人のために迷いに迷う姿が，誠実な姿であることに気付くこと。

3　学習方法の視覚化

心情円盤　心情円盤を用いながら自分の価値観を表出させることで，友達の価値観と比べながら話し合うことができるようにする。

ネームカード　子供の意見にネームカードを貼ることで，それを基に意見をつなげることができるようにする。

手品師の判断に対する
自分の立場を表した心情円盤

4　「分けて比べる」事柄

思　い　大劇場に行くか，男の子のほうに行くかを迷う手品師の気持ちを吹き出しの中で二つに分けて板書することで，それぞれの手品師の気持ちを捉えやすいようにする。

場　面　手品師が迷う場面と男の子に手品を披露する場面を対比的に分けて比べることで，誠実な生き方について考えることができるようにする。

指　導　案

（1）ねらい　[高学年　A　誠実に明るい心で生活すること。]

　誠実な生き方について話し合うことを通して物事を判断する際には，判断に関わる人の気持ちを真剣に考えることが大切であることに気付き，誠実に明るい心で生活しようとする意欲や判断力を高める。

（2）学習過程

	学習活動・学習内容	主な発問と子供の反応	○教師の支援／◆評価
導入5分	1　誠実な生き方についてイメージする。 ・誠実な生き方への関心	発誠実に生きるとはどうすることか。 ・真面目にすること。 ・真心があること。	○子供から意見が出にくい場合は，国語辞典を基に紹介する。

「手品師」を読んで，誠実な生き方について考えよう。

	学習活動・学習内容	主な発問と子供の反応	○教師の支援／◆評価
展開30分	2　迷っている手品師の理由や気持ちについて話し合う。 ・自己実現のよさ ・思いやりのよさ ・自己実現したい気持ち	発手品師が迷ったのはなぜか。 ・大劇場に行きたいけれど，男の子と約束したから。 発夢を叶えたい手品師の気持ちが分かるか。 ・分かる。自分も今，水泳選手になりたくて，練習をがんばっているから。	◆評価の視点① ○自分の夢に向かって努力している子供を指名し，発言を促すことで，手品師の気持ちを感じ取らせる。
	3　誠実な生き方について話し合う。 ・相手の気持ちだけでなく，自分の気持ちも真剣に考える（迷う）ことの大切さ	発手品師の誠実な姿が表れているのは，どちらか。 ・迷っている場面。 ・男の子に手品をする場面。 ・相手や自分の気持ちを真剣に考えることが誠実にすることだと思う。	◆評価の視点② ○「もし手品師が大劇場に行ったとしたら，それはいけないことなのか」と問い返し，よいかどうかを心情円盤で表現させる。その割合の違いを基にして，指名する。
終末10分	4　これまでの自分を振り返り，ワークシートに書く。 ・誠実な生き方への意欲	・手品師が迷ったように，自分や相手の気持ちを真剣に考えるようにしたい。	○自分の経験を踏まえて振り返るよう促す。

（3）評価の視点（①自分自身との関わり　②多面的・多角的な見方）

① 　自己実現したい気持ちを，自分自身と比べながら捉えようとしている。
② 　誠実に生きるための判断について，自分と友達の意見を比べながら考えようとしている。

板書例

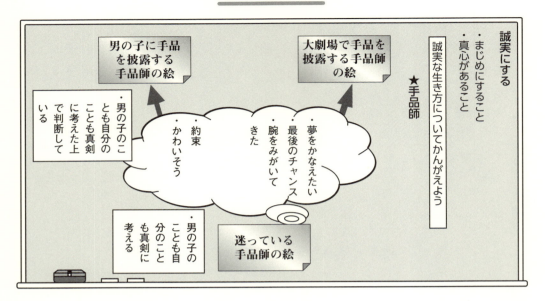

POINT 本授業の中心場面!!
● 手品師の思いを深く追究していきながら，誠実な生き方について考える場面

展開2 迷っている手品師の理由や気持ちについて話し合う。

発問　手品師が迷ったのはなぜか。
- 大劇場に行って夢を叶えたいけれど，男の子と約束しているから。
- 最後のチャンスかもしれないから大劇場に行きたいけれど，男の子がかわいそうだから。

発問　大劇場に行って，夢を叶えたい手品師の気持ちが分かるか。
- 手品師の大劇場に行きたい気持ちは，よく分かる。私も今，水泳のオリンピック選手になりたくて，練習をがんばっているから。

○「もし手品師が大劇場に行ったとしたら，それはいけないことなのか」と問い返すことで，たとえ大劇場に行ったとしても，不誠実ではないことを捉えさせた。

展開3 誠実な生き方について話し合う。

発問　手品師の誠実な生き方が一番表れているのは，どちらか。
- 迷っている場面だと思う。男の子のことも真剣に考えているし，自分の夢のことも真剣に考えているから。
- 男の子に手品をする場面。男の子のことも，自分の夢のことも，両方とも真剣に考えた上で判断したと思うから。

◎「誠実にするとは，どうすることか」と問い返すことで，相手のことを考えるだけでなく，自分のことも真剣に考えて判断することが誠実な行為であることに気付くことができた。

評価に生かす「よさを発揮した子供の姿」!!

●評価の視点①（自分自身との関わり）

　手品師の大劇場で手品を披露したい（自己実現をしたい）気持ちについて，自分と比べながら捉えることが評価の視点①である。「大劇場に行って，夢を叶えたい手品師の気持ちが分かるか」と問うた。

僕も分かる。プロ野球選手になりたいから，練習をがんばっている。

私も分かる。水泳のオリンピック選手になりたいから，毎日練習をがんばっている。

●評価の視点②（多面的・多角的な見方）

　手品師の判断について，自分と友達の意見を比べながら考えることが評価の視点②である。「もし，手品師が大劇場に行ったとしたら，それはいけないことなのか」と問うた。

いいと思う。自分の夢のために，これまで腕を磨いてきているし，最後のチャンスかもしれないのに，見ず知らずの男の子のために行かないと後悔する。

いけないと思う。男の子と約束した以上は守らないといけない。男の子が悲しむ。

他の学習や活動との関連をもたせた指導の工夫

　1点目は，総合的な学習の時間との関連である。本校では，6年の1学期の総合的な学習の時間に，将来の夢について調べる学習を行う。そこで手品師の教材を扱う時期をそれに合わせ，子供が総合的な学習の時間に自分の夢を語った後，本授業を行った。そうすることで，子供は手品師の夢を叶えたいという気持ちを自分事として捉えることができた。

　2点目は，「1日の振り返り活動」との関連である。本校では，毎日，自分や友達の行動を振り返り，右図のように，クラスの友達と自分のよさを記述する「1日の振り返り活動」を行っている。毎日，自分を見つめる習慣があることで，子供は，展開までに学んだことを終末において，主体的に自己の生き方に生かそうとしている。

（南　直樹）

学研　教出　廣あ　日文　光村

高学年　B　友情，信頼

ロレンゾの友達
どんなときでも信じようとすること，それが本当の友情！

1　教材活用のポイント

　信頼関係が築けているとは，どういう関係を築いていることを言うのだろうか。私は，どんなときでも相手のことを信じられる関係のことだと考える。しかし，特に高学年の子供は，友達との関係の中で，阻害されたように感じたり，悩みをもったりしている。信頼を基に，友達関係を築くためには，互いを認め合ったり，協力し合ったりするなどの日々の心の通い合いが大切であると考える。

　本教材で，理解を深めさせたい学習内容が表れているのは，ロレンゾが無実であったことが判明したにもかかわらず，話し合ったことを3人が打ち明けなかった場面である。3人が友達のことを信じて真剣に考えたが，最後には信じ切れなかったことを後悔した気持ちが表れているのではないだろうか。そこで，3人がロレンゾの友達と言えるかを学習課題として設定し，友達のために何がよい行いなのかを考えることの大切さ，友達を信じることの難しさなどについて理解を深めさせたい。

2　学習内容の焦点化

- 友達のためを考えることが，友達関係を築くために大切なこと。
- どのようなときでも相手を信じ抜くことができる関係が，本当の友達であること。

3　学習方法の視覚化

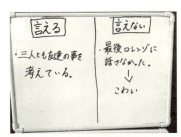

友達と言えるかどうかを整理したもの

ボード　小集団で3人が友達と言える理由と言えない理由を整理させ，全体で小集団の書いたことを見比べる場を設定する。友達のことを考えることや信じ抜くことができていない弱さなどについて理解を深められるようにする。

4　「分けて比べる」事柄

立場　3人が友達と言えると思う立場と言えないと思う立場に分けて話し合わせることで，価値理解や人間理解を深めようとすることができるようにする。

考え　友達と信頼し合うために大切な考えを内容ごとに分けて板書することで，信頼関係を築くための考えについて，多様な考えに触れられるようにする。

指　導　案

(1) ねらい　［高学年　B　友達と互いに信頼し，学び合って友情を深め，異性についても理解しながら，人間関係を築いていくこと。］

　友達関係について話し合うことを通して，どんなときでも相手を信じ抜くことができる関係であることが本当の友達関係であることについて考えを深め，よりよい人間関係を築いていこうとする判断力を高める。

(2) 学習過程

	学習活動・学習内容	主な発問と子供の反応	○教師の支援　／　◆評価
導入 5分	1　友達とはどのような人か，考えを交流する。 ・友達に対する考え	・一緒に遊んで楽しい人のことだよ。 ・助け合うことができる人のことかな。	○友達についての考えを交流させ，登場人物の関係に関心をもつことができるようにする。

3人はロレンゾの友達と言えるだろうか？

	学習活動・学習内容	主な発問と子供の反応	○教師の支援　／　◆評価
展開 30分	2　範読を聞き，ロレンゾと3人の関係について話し合う。 ・友達のためを考えること ・相手を信じ抜くことができる関係が本当の友達であること	発3人はロレンゾの友達と言えるか。 ・言えるよ。友達のことを真剣に考えているから。 ・言えないよ。疑ってしまったからね。 発なぜ，3人は昨晩のことを伝えなかったのか。 ・友情が崩れると思った。 ・疑ったから後ろめたさがあったのだよ。	◆評価の視点① ○迷っている気持ちを班で対比的に整理することで，多様な考えに触れられるようにする。 ○ロレンゾの視点に立たせることで，友達関係を築くために信頼の大切さを捉えられるようにする。
終末 10分	3　友達とどのような関係を築いていきたいか，考えを交流する。 ・友達関係を築くために大切にしたいこととそのよさ	終友達関係を築くために大切にしたいことは何か。 ・友達にとって何がいいことなのかを考えて生活することだと思ったよ。	◆評価の視点② ○現在の友達関係を点数化させ，その不十分さを交流させることで，よりよい生き方に目を向けられるようにする。

(3) 評価の視点（①多面的・多角的な見方　②自分自身との関わり）

① 自分の判断の根拠を，類推した登場人物の気持ちを基に考えようとしている。
② 自分の経験や友達の考えを踏まえて，友達に対する捉えをさらに深めようとしている。

板書例

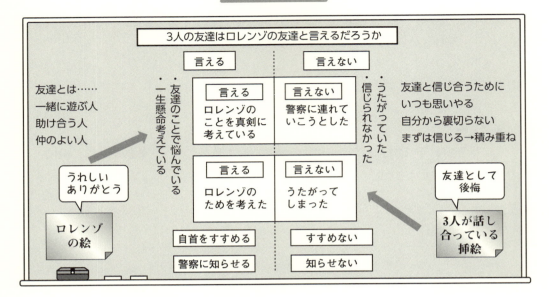

POINT 本授業の中心場面!!
● 3人がロレンゾの友達と言えるかどうかについて話し合う場面

展開2　範読を聞き，ロレンゾと3人の関係について話し合う。

発問 3人はロレンゾの友達と言えるか。

- 一生懸命ロレンゾのことを考えているから，言えるよ。けれど，ニコライは，ロレンゾのことを信じていないから，友達とは言えないな。
- ニコライは，友達だからこそ罪を償ってほしいし，もし罪を犯してなくても，逃げることはよくないから，とりあえず警察に行くことを勧めているのだよ。
- 考え方は違うけれど，みんな友達のことを考えているね。けれど，話し合ったことを誰も口にしなかったのは，疑ってしまったことに後悔があったのだろうな。

○それぞれのグループで，友達と「言える」考えと「言えない」考えを整理させ，その後，全体で考えを共有した。

○3人のそれぞれの行動の取り方に話題の中心が移った際に，収拾がつかなくなった。そこで，「自首を勧めるか，勧めないか」と「警察に連れていくべきか，逃がすべきか」を二項対立で整理し，友達としてはどちらが望ましいかを考えさせた。相手のことを考えることのよさや，友達だからこそ遠慮することなく伝えようとすることの大切さを捉えられるようにした。

○ボードを見比べ，似ている考えを発表させることで，教材の世界から一般化した道徳的価値に関わる考えを表出できるようにした。また，友達と言えるか言えないかの二つの考えで整理させ，その考えを深めていくことで，価値理解や人間理解を深めることができた。

評価に生かす「よさを発揮した子供の姿」!!

●評価の視点①（多面的・多角的な見方）

ホワイトボードを見比べた際，特に，ニコライの友達観について話し合う姿が，下のように見られた。

> ニコライは，友達とは言えないよ。相手の思いを大事にするのが友達。

> ニコライは一番偉いよ。友達だから正しい道を進んでほしいと願っているから。

そこで，教師が「ロレンゾの立場から考えて，今のように自分のことを話してくれていたら，どのように感じるか」と，問うた。すると，

「罪は犯していないのだけれど，一生懸命考えてくれて嬉しい。けれど，疑われたのはいやだ」と，友達のことを真剣に考えることのよさや信じてもらえないことによる不快さを捉えていた。

●評価の視点②（自分自身との関わり）

> 理想はどんなときであっても，信頼できるような友達です。けど，私も時々，友達の会話が気になってしまうことがあります。友達関係は70点くらいです。自分はまず友達を信じてみて，そこから関係を築いていきたいです。

日々の迷いに目を向けた振り返りである。自分の弱さに目を向けられる子供を価値付けたい。

グループ活動について

グループ活動を取り入れるときに気を付けていることは，目的をはっきりさせることである。具体的に言うと，考えを深めさせるグループ活動なのか，考えを広げさせるグループ活動なのかということである。前者であれば，討論をさせたり，全体で一つの考えを生み出すような合意形成の過程を仕組んだりすることなどが考えられる。また，後者であれば，短冊に考えを書かせたり，ウェビング図などで思い付いた考えを書いたりするような活動が考えられる。

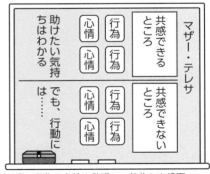

短冊に行為や心情を整理し一般化した場面

ねらいと活動を照らし合わせ，「活動あって学びなし」の活動にならないように気を付けることが大切である。

（久保田 高嶺）

学研　学図　教出　廣あ　東書

高学年｜B｜相互理解，寛容

銀のしょく台
自分への謙虚さが広い心に！

1　教材活用のポイント

　本教材では，ミリエル司教がジャンを許す行為の裏にある，ミリエル司教の人に対する見方を明らかにすることで，寛容という道徳的価値を理解できるようにする。しかし，ミリエル司教とジャンの関係のみに着目し，ミリエル司教になり切るだけでは，ミリエル司教の人に対する見方を想像し，明らかにすることは難しい。

　そこで，マグロワールの立場を利用し，ミリエル司教の人に対する見方を俯瞰して想像することができるようにする。まず，子供を，ミリエル司教とマグロワールの立場に立たせ，自分がどちらの立場に近いか考えることで，両者の思いを想像することができるようにする。次に，両者を比較し，違いを明らかにすることで，価値の理解を図ることができるようにする。ミリエル司教になり切ったり，ミリエル司教を俯瞰したりしながら，寛容という道徳的価値を理解することが大切である。

2　学習内容の焦点化

- 過ちは自分もするものと考えたり，相手を分かろうとしたりすることが大切であること。
- 過ちは自分もするという考えを，自分の経験を想起しながら捉えること。

3　学習方法の視覚化

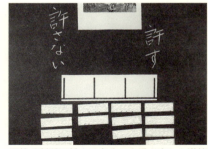

司教の判断に対する自分の立場を表した道徳スケール

| 道徳スケール | 自分が，ジャンを許す立場と許せない立場のどちらに近いかを，道徳スケールを用いて表現させる。そうすることで，自分と友達の意見の違いを明らかにしようとする意欲を高めることができるようにする。

4　「分けて比べる」事柄

| 立　場 | ジャンを「許す立場」と「許せない立場」を左右に対比的に分けて比べることで，ジャンに対する具体的な思いについて考えを深めることができるようにする。
| 思　い | ジャンに対する「具体的な思い」と「その思いを生み出す人に対する見方」を上下に対比的に分けて比べることで，人に対する見方について考えを深めることができるようにする。

指 導 案

(1) ねらい ［高学年　B　自分の考えや意見を相手に伝えるとともに，謙虚な心をもち，広い心で自分と異なる意見や立場を尊重すること。］

広い心について話し合うことを通して，どんな人でも過ちを犯してしまうときはあると考えることが大切であることに気付き，自分と異なる意見や立場を尊重しようとする心情を深める。

(2) 学習過程

	学習活動・学習内容	主な発問と子供の反応	○教師の支援／◆評価
導入5分	1　広い心についてイメージする。 ・広い心に対する関心	発 自分の心は広いほうか。 ・狭いほう。すぐ怒ってしまう。 ・広いほう。すぐに許す。	○友達についての考えを交流させ，登場人物の関係に関心をもつことができるようにする。

「銀のしょく台」を読んで，人を許す広い心について考えよう。

	学習活動・学習内容	主な発問と子供の反応	○教師の支援／◆評価
展開30分	2　ミリエル司教の考えについて話し合う。 ・許すことの難しさ	発 自分は，ジャンを「許す立場」と「許せない立場」のどちらに近いか。 ・許せない立場。刑務所で反省したほうがいい。 ・許す立場。刑務所に入るのはかわいそう。	◆評価の視点① ○「賛成や反対の意見はあるか」と問い返し，比較検討させることで，多面的・多角的に考えることができるようにする。
	3　人を許すことについて話し合う。 ・過ちは誰もがするものだと考えているから許せるということ ・相手を分かろうとしているから許せるということ ・過ちをした経験	発 許せる司教と許せないマグロワールの違いは何か。 ・どんな人でも悪いことをしてしまうときはあると考えている。 ・いつでも，誰に対しても分かろうとしている。 ・分かる。僕も，きまりを破ってしまったことがある。	○「『どんな人でも過ちを犯してしまうときはある』という考えが分かるか」と問い返すことで，人間の弱さを捉えることができるようにする。 ◆評価の視点② ○自分の経験を踏まえて振り返るよう促す。
終末10分	4　これまでの自分を振り返り，ワークシートに書く。 ・他者を尊重する心情	・これからは，過ちは自分もするものと考え，相手を分かろうとしたい。	

(3) 評価の視点（①多面的・多角的な見方　②自分自身との関わり）

① 許すことについて，自分と友達の見方を比べながら，考えようとしている。
② 過ちを犯してしまうときがあるという考えを，自分と比べながら捉えようとしている。

板　書　例

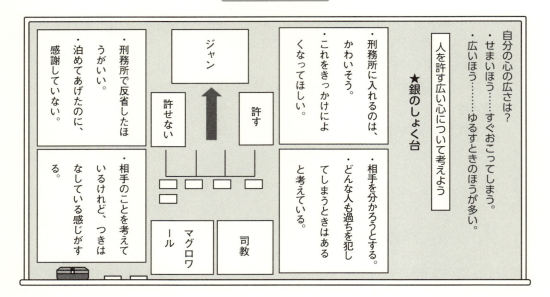

POINT　本授業の中心場面！！
● ミリエル司教の思いを深く追究していきながら，寛容について考える場面

展開2　ミリエル司教の考えについて話し合う。

発問　自分は，ジャンを「許す立場」と「許せない立場」のどちらに近いか。

- 許せない立場。刑務所に入って，反省したほうがいい。
- 許す立場。刑務所に入るのはかわいそう。
- 許せない立場。せっかく泊めてあげたのに，感謝もしていない。
- 許す立場。これをきっかけによい人間になってほしいから。

○ジャンを「許す立場」と「許せない立場」のどちらに近いか判断させた後，「賛成や反対の意見はあるか」と問うことで，それぞれの立場について比較検討できるようにした。

展開3　人を許すことについて話し合う。

発問　過ちを犯しても許せる司教と許せないマグロワールの違いは何か。

- 司教は，どんな人も悪いことをしてしまうことはあると考えている。
- 司教は，どんな人であっても，相手のことを分かろうとしている。

発問　どんな人でも，過ちを犯してしまうときがあるという考えを分かるか。

- 分かる。僕も，きまりを破ってしまったことがある。
- 分かる。私も，友達が悪いことをしたのを，見て見ぬふりをしてしまったことがある。

◎司教とマグロワールの気持ちを比較させることで，子供たちは，司教の気持ちの根底にある考え方に気付くことができた。

評価に生かす「よさを発揮した子供の姿」!!

●評価の視点①(多面的・多角的な見方)

　許すことについて,自分と友達の見方を比べながら考えることが評価の視点①である。「賛成や反対の意見はあるか」と問うた。

僕は,許せない立場に賛成。刑務所に入って反省したほうがいい。

私は,許す立場に賛成。また刑務所に入っても意味がない。19年入っているのに反省できていないのに。

●評価の視点②(自分自身との関わり)

　どんな人でも過ちを犯してしまうときがあるという考えを,自分の経験と比べながら捉えることが評価の視点②である。「どんな人でも,過ちを犯してしまうときがあるという考えを分かるか」と問うた。

分かる。僕も,今まできまりを破ったことがある。

私も,友達が悪いことをしたのを,見て見ぬふりをしてしまったことがある。

地域社会との連携による指導の工夫

　学校運営協議会(学校運営に携わる地域や保護者)の方に協力を呼びかけ,8名の方に道徳科授業に参加していただいた。4人グループに1人ずつ,グループでの話合い活動に入っていただいた。地域や保護者の方に道徳科授業に入っていただくよさには,次の2点があると考える。

　1点目は,子供が,日頃の道徳科授業では触れることのできない道徳的価値観に触れることができる点である。本授業でも,地域や保護者の方から「19年間も刑務所に入れられれば,心が荒んでしまう。ジャンには,人の温かい愛情が必要だったのではないか」という意見が出された。大人ならではの価値観を聞くことができ,子供たちは,自分の見方を広げることができたと考える。

　2点目は,学校の道徳教育への理解を地域や保護者の方から得ることができるという点である。本授業の実施後,参加していただいた地域や保護者の方と,協議会をもった。その会では,授業者は,学校の道徳教育の方針を伝えることができたり,地域や保護者の方から授業の感想をいただいたりすることができた。

(南 直樹)

学研　学図　教出　廣あ　光文　日文　光村

高学年 ｜ B ｜ 相互理解，寛容

ブランコ乗りとピエロ
意見が異なる相手との「心のすきま」を埋めるためには？

1　教材活用のポイント

　人の価値観は多様であるからこそ，意見の相違を乗り越え，互いを最大限に尊重し合う感覚を育むことが大切である。そこで，本教材を通じて，互いに相手を認め，理解し合っていくことが，よりよい人間関係を築くことにつながるということに気付かせたい。ここでは，「相手と意見が異なり対立が起こりそうなときには，広い心をもって，自分から相手を受け入れることが大切であること」や「相手の主張を全て受け入れるのではなく，自分の意見や考えをきちんと主張することも大切であること」への考えを深めさせたい。

　本教材には，自分だけがスターであるという思いから相手のことが許せず敵対関係であったピエロとサムが，お互いに相手を認め合い，理解し合っていく過程が描かれている。次第に近付いていく2人の気持ちを視覚化するとともに，その理由を考えさせることによって，子供は，自分と異なる意見や立場を尊重しようとすることの大切さに目を向けるであろう。

2　学習内容の焦点化

- 意見や立場が異なる相手に出会ったときには，広い心をもって，自分から相手を受け入れようとする気持ちをもつことが大切であること。
- 相手の主張を全て受け入れるのではなく，自分の意見や考えをきちんと主張することも大切であること。

3　学習方法の視覚化

心のすきま　ピエロとサムの，相手を認め理解しようとする気持ちの度合いを「心のすきま」として視覚化することで，次第に近付く2人の関係性をつかめるようにする。

4　「分けて比べる」事柄

人物　ピエロとサムの気持ちを，板書上で対比的に分けて比べることで，それぞれの気持ちの違いや，場面ごとの変化の様子をつかむことができるようにする。

指 導 案

(1) ねらい ［高学年　B　自分の考えや意見を相手に伝えるとともに，謙虚な心をもち，広い心で自分と異なる意見や立場を尊重すること。］

謙虚で広い心について話し合うことを通し，自分の意見も主張しつつ，相手の意見を広い心で受け入れることの大切さに気付き，自分と異なる意見や立場を尊重しようとする意欲を培う。

(2) 学習過程

	学習活動・学習内容	主な発問と子供の反応	○教師の支援　／　◆評価
導入5分	1　友達と意見が対立した経験について発表する。 ・友達と意見が食い違ったり，対立したりした経験	・班活動で，友達と意見が合わずに，言い争いをしてしまったことがあるよ。	○事前に，友達と意見が対立した経験についてアンケートを行い，その回答結果をいくつか紹介する。

友達と意見が対立したときには，どんな気持ちをもてばよいだろう。

	学習活動・学習内容	主な発問と子供の反応	○教師の支援　／　◆評価
展開30分	2　教材を聞き，ピエロとサムの「心のすきま」の変化について話し合う。 ・「心のすきま」が近づいた理由	発 2人の気持ちと「心のすきま」は，どのように変化したか。なぜ，変化したのか。 ・初めは対立していたけど，次第に「心のすきま」が埋まったね。 ・ピエロがサムの努力に気付き，自分から歩み寄ったからではないかな。	○2人の，相手を認め理解しようとする気持ちの度合いを「心のすきま」として視覚化することで，次第に近づいていく2人の関係性を捉えられるようにする。 ○ピエロのほうから先に，サムに歩み寄ったことに着目させる。
	3　ピエロの姿から考えたことや学んだことを発表する。 ・自分から相手の意見を受け入れることの大切さ ・自分の意見をきちんと相手に伝えることの大切さ	発 ピエロから何を学ぶか。 ・相手と対立しそうなときは，自分から相手を許したり，受け入れたりすることが大切だね。 ・自分の意見を相手に伝えることも大切だね。	◆評価の視点① ○「相手の意見を，全て受け入れさえすればよいのか」と問うことで，自分の意見や考えをきちんと主張することの大切さにも気付けるようにする。
終末10分	4　本時で学んだことを基に，将来の自分へ手紙を書く。 ・相互理解に関わる今後の生き方を考えること	・将来の自分へ。もし，友達と対立しそうになったら，自分から，相手の意見を受け入れられたらよいね。	◆評価の視点② ○将来の自分に宛て手紙を書かせ，今後の生き方を考えるきっかけにする。

(3) 評価の視点（①多面的・多角的な見方　②自分自身との関わり）

① 友達の様々な意見を踏まえ，互いに理解し合うことのよさについて考えようとしている。
② 他者と意見が対立する場面で，自分ならどうするかという視点で考えようとしている。

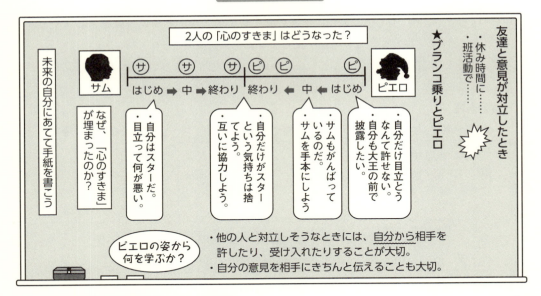

POINT 本授業の中心場面!!

● 2人の「心のすきま」が埋まっていった理由から、ピエロの心の広さに気付く場面

展開2 ピエロとサムの「心のすきま」が、どう変化したか、なぜ変化したかを話し合う。

発問 2人の、相手への気持ちと「心のすきま」は、どう変化したか。

- 初めは対立していたけど、だんだんと「心のすきま」が埋まっていったよ。
- 最後には、2人ともが、一緒にサーカスを盛り上げようという気持ちになったよ。「心のすきま」が、最も埋まった状態ではないかな。

発問 なぜ、「心のすきま」は埋まっていったのだろうか。

- お互いが「自分だけがスターだ」という気持ちを捨てたからではないかな。
- ピエロのほうから、サムを許したことがきっかけになったのだと思うよ。

○ピエロとサム、それぞれの相手を認め理解しようとする気持ちの度合いを「心のすきま」として視覚化することで、次第に近づいていく2人の関係性を捉えられるようにする。その際、ピエロのほうから、先にサムに近づいているということに着目させ、展開3につなげる。

展開3 ピエロの姿から、学んだことや考えたことについて発表する。

発問 ピエロをどう思うか。ピエロから学ぶことは何か。

- 本当は悔しい気持ちもあるはずなのに、サムを許し、サムの力を認めたところがすごい。
- 自分から、サムの意見や考えを受け入れたところがすごいね。

◎「相手の気持ちを受け入れる」ことばかりに意見が集中する場合には、「では、相手の意見を受け入れさえすればよいということか」と問い返すことで、「自分の意見をきちんと相手に伝える」ことの大切さにも気付かせることができる。

評価に生かす「よさを発揮した子供の姿」!!

●評価の視点②(自分自身との関わり)

　本実践では，あえてピエロ側に焦点を当てた学習展開を仕組んだ。というのも，この教材において，2人が最終的に相互理解を深めていったのは，サムを受け入れようとしたピエロの気持ちの変容がきっかけとなるからだ。そこで「心のすきま」で2人の相互理解の過程を視覚化することで，ピエロのほうから先にサムに歩み寄ったということに着目させようと考えた。そして，その上で「ピエロから学ぶこと」を問うことにより，広い心をもって，自分から相手を受け入れようとする気持ちをもつことのよさや大切さに，多くの児童が気付けたようであった。そのことは，終末部で書かせた未来の自分への手紙の内容からもうかがえる。

> これからの自分へ
> 今日学んだことは，意見が対立しそうなときには，広い心で相手を受け入れることが大切だということ。でも，同時に，自分の思いもきちんと相手に伝えないといけないことも分かった。自分の気持ちをちゃんと相手に伝えられる自分になろうね。

　手紙を書かせる際には，「この学習を通じて学んだことを踏まえ，今後，友達と対立が起きそうな場面に直面する自分がいたとしたら，そんな自分に何と声をかけたいか」と問いかけた。「未来の自分」に宛てることで，児童は，自分自身との関わりで考えるとともに，これからのよりよい生き方について，前向きな思いをもつことができたと考える。

電子紙芝居の活用

　本実践では，電子紙芝居をつくり，教材の読み聞かせを行った。電子紙芝居を活用するよさには，次のようなことが挙げられる。

- 挿絵を大きく，順序立てて示すことにより，教材の理解を容易に，また，確かにすることができる。
- 音声やアニメーションを効果的に取り入れることにより，教材への興味・関心を高めることができる。
- キーワードとなるような台詞や文章を文字化して表示することにより，印象付けることができる。
- 場面付加を行うことにより，教材の内容について思考を促したり，深めたりできる。

キーワードを示しながらの読み聞かせ

　登場人物を表情の見えないシルエットにすることで，自己投影しやすくなるという利点もある。

(廣末　唯)

| 教出 | 光文 | 日文 |

高学年 ｜ C ｜ 公正，公平，社会正義

六千人の命を救った決断（六千人のビザ，杉原千畝）
「比較」しながら，「正しさ」についての理解を深める！

1 教材活用のポイント

子供たちが杉原千畝のユダヤ人に対する人道的行動の価値を理解し，公正，公平，社会正義について考えを深めるために配慮すべきこととして次の２点が考えられる。

① 杉原千畝のことを知っている児童は限られている。歴史的背景を掘り下げることよりも，道徳的価値理解につながる杉原千畝の決断や行動，事実を端的に，そして子供たちの興味・関心を引き出すようにして提示する。

② 資料を一読すれば，杉原さんの行動の尊さについてほとんどの子供は理解できる。そのような状態で，「杉原さんは，どうしてビザを発行する決意をしたのでしょうか」などと問うても，あまり広がりや深まりはないと考えられる。そこで，少し杉原千畝と距離を取った形で，「どうして今もなお杉原さんの行動が評価されているのか」を考えるようにし，ねらいとする道徳的価値について考えることができるようにする。

2 学習内容の焦点化

● 相手の立場に立って何が正しいのかを判断し行動することが，いつでも（時代を超えても），どこでも（他国であっても），誰に対しても（相手が日本人でなくても）公正，公平に接することであり，社会正義の実現につながること。

3 学習方法の視覚化

数値で自己評価 評価の視点の一つである「自分自身との関わり」に関することとして，正しさを実現できている度合いを10段階で自己評価し，足りない部分をこれからどうしていきたいのか，振り返りとして書くことができるようにする。

4 「分けて比べる」事柄

場面の状況 導入で，「6年〇組は，次のことを禁止します」と不公平な状況を提示する。その際，主語の部分を自分の学級と隣の学級に変えて受け取り方を比べ，子供たちの不公平な状況に対する捉え方の差異を比べることができるようにする。また，導入での他者が不公平な状況にあった場合の子供の捉えと，杉原千畝の行動を比較することで，杉原千畝の行動の価値をより鮮明にする。

指 導 案

(1) ねらい ［高学年　C　誰に対しても差別をすることや偏見をもつことなく，公正，公平な態度で接し，正義の実現に努めること。］

　正しいことの実現について自他の捉えを比べることを通し，相手の立場に立って判断し，行動することの必要性に気付き，誰に対しても公正，公平に接しようとする態度を培う。

(2) 学習過程

	学習活動・学習内容	主な発問と子供の反応	○教師の支援／◆評価
導入5分	1　不公平な状況に対する思いを交流する。 ・不満をもつこと	・なぜ，私たちだけがそんな思いをしないといけないのか。	○不公平な状況を提示し，資料への興味・関心を高めるようにする。

「正しさ」を実現するには，何が必要か考えよう。

	学習活動・学習内容	主な発問と子供の反応	○教師の支援／◆評価
展開30分	2　導入での思いと比べながら，杉原千畝の行動の価値について話し合う。 人道的な行動に対する価値観 ・救った命の数 ・自己犠牲 ・行動を起こす勇気 ・相手の立場に立つこと	発 杉原さんの行動が，今も語り継がれているのはなぜか。 ・だめだと言われても，正しいことをしたから。 ・行動を起こすことができたから。	○杉原さんの行動の価値について，「一番価値が高いものはどれか」選択させ，その根拠を問うことで，道徳的価値に迫る。
	3　正しさを実現するために何が必要なのか話し合う。 ・相手の立場に立って，何が正しいのかを判断し行動すること	発 「正しさ」を実現するために何が必要なのか。 ・自分も相手も納得できるようにすること。 ・勇気をもって行動を起こすこと。	◆評価の視点① ○他者が不公平な状況にあった場合の捉えと，杉原千畝の行動を比較することで，杉原千畝の行動の価値をより鮮明にする。
終末10分	4　これからどうしていくべきなのかを振り返りとしてノートに書く。 ・誰に対しても公正，公平に接しようとする態度	・困っている人だからでなく，誰にでも差別することなく助けていきたい。	◆評価の視点② ○現在の実現度合いを10段階で自己評価させ，足りない部分を振り返りとして書く。

(3) 評価の視点（①多面的・多角的な見方　②自分自身との関わり）

① 正しさを実現することについて自他の捉えを比べて，目指すべき公正さ，公平さについて考えようとしている。
② 公正さ，公平さについて，自分の考えや経験と照らし合わせて考えようとしている。

板　書　例

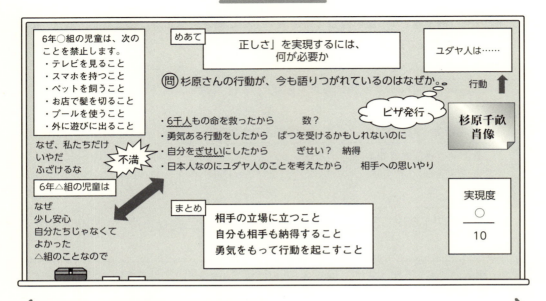

(**POINT** 本授業の中心場面!!
● 導入での子供たちの思いと杉原千畝の行動の価値を比べながら，ねらいを焦点化した場面)

展開2　導入での思いと比べながら，杉原千畝の行動の価値について話し合う。

発問　杉原さんの行動が，今も語り継がれているのはなぜか。

- 「だめだ」と言われても，正しいことをしたから。
- 6千人（それ以上）のユダヤ人を救ったから。
- ユダヤ人というのは関係なく，行動を起こすことができたから。
- 食事や睡眠が十分でなくても（自分を犠牲にしてでも），ビザをぎりぎりまで発行したから。

> 誰かが不公平に扱われているときの杉原さんの思いや行動が，私とは正反対だ。私は，自分のことしか考えられていなかったな。

○子供たちからの意見が出そろった後,「一番価値が高いものはどれか」選択させ,ネームプレートを黒板に貼らせた。そして，選択の根拠を問い，道徳的価値に迫った。

◎子供たちは，一番価値の高いものを選択した根拠を話す際に，それぞれの意見や導入での自分たちの不公平さに対する捉え方と比較しながら話していた。「犠牲」という部分については，杉原千畝は覚悟を決めて正しいことをしようとしていると捉え直していた。また，自分たちと杉原千畝では目の前の不公平さに対する行動が真逆であり，だからこそ，「だめだ」と言われても,正しいことをしたことの価値が高いのだとする子もいた。「比較」することで，人道的行動の道徳的価値について考えを深めることができた。

評価に生かす「よさを発揮した子供の姿」!!

●評価の視点②（自分自身との関わり）

　展開3では，展開2での意見交流を基に，「正しさを実現するために何が必要なのか」をグループで話し合わせた。グループでの話合いで出てきた考えを全体で発表させると，「勇気」，「優しさ」，「思いやり」など抽象的な言葉が多く出てきた。そこで，「誰のために，どんなときに，勇気や優しさを使うのか」と問い返しながら，少し具体的に捉えさせるようにした。すると，「誰に対しても，困っていれば，勇気（優しさ）をもって行動すること」という考えに収束していった。子供たちがある程度の振り返りの視点をもつことができた時点で，終末につないだ。終末では，これまでの自分の正しさを実現できた度合いを10段階で評価させ，振り返りを書かせるようにした。具体的に数字に表し，自分に足りない数字の部分を言葉にさせたことで，子供たちは振り返りが書きやすかった様子である。

- A児：困っている人……この人だから助けるんじゃなく，誰でも差別せずに助けていきたいです。
- B児：杉原さんの，自分が正しいと思うことをつらぬいた行動は，私は少し難しいなと感じました。でも，勇気をもってすれば「正しさ」が実現できるのではないかと思いました。
- C児：杉原さんは，ユダヤ人が苦しかったこともすべて気持ちを受け止めて，ユダヤ人のために行動していた。これまでの自分は，杉原さんのように自分を犠牲にしたり，人のために役に立とうとしたりすることは少なかった。今日学習したことを生かして，できる人になりたい。

「比較」しながら価値理解を深める手立て

　杉原千畝の人道的行動の価値について，杉原千畝の目線だけでなく，自分自身の目線で比較しながら考えることができるようにすることで，より価値理解が深まると考え，導入に一工夫した。主語を自分から他人にしていき，それぞれの場合での子供たちの捉えを表出させていった。これにより，杉原千畝の行動がいかに価値あることなのかを際立たせることができ，意欲的な学習参加につながった。また，かつてのユダヤ人への迫害についての理解に乏しい子供たちに，迫害のイメージをもたせることにも活用することができた。

| 6年○組の児童（自分の学級）は，次のことを禁止します。
・テレビを見ること　・スマホを持つこと
・ペットを飼うこと　・お店で髪を切ること
・プールを使うこと　・外に遊びに出ること | 6年△組の児童（隣の学級）は，次のことを禁止します。
・テレビを見ること　・スマホを持つこと
・ペットを飼うこと　・お店で髪を切ること
・プールを使うこと　・外に遊びに出ること |

（川上　昌秀）

学研　学図　廣あ　光文　東書　日文

高学年 | D | 感動，畏敬の念

青の洞門
美しい生き方をしたいという気持ちを高める！

1　教材活用のポイント

　了海の行動とその心については，資料本文の中で丁寧に述べられており，一読すれば了海の取った行動の気高さや偉大さに子供たちの目は向くだろう。本実践においては，実之助の視点に立ち「実之助の涙のわけ」を考えることで，子供たちに了海の行動の気高さが，実之助に敵討ちだけに固執してしまっていた自身の弱い心を自覚させ，その弱い心を克服させたことに気付かせたい。そうすることで，了海の行動の気高さをより一層子供たちに理解させるだけでなく，気高い行いを受け止め，感動することのできる心をもつことのすばらしさにも気付かせることができると考える。

2　学習内容の焦点化

- 弱さを認めながらもよりよく生きようとする強さが美しいこと。
- 「感動する心をもつ」を踏まえ，美しい生き方をしたいという気持ちをふくらませること。

3　学習方法の視覚化

センテンスカード　21年目に岩壁が貫通したとき，了海和尚が「お切りなされ」と言った場面の文章を黒板に掲示し，強調しておくことで，考えるべきことを明確にする。

書き出し文　自己の振り返りを書く際に書き出し文を示しておくことで，何をどのように書くべきなのかを明確にし，振り返りを書きやすくする。

```
青の洞門から学んだことは，
なぜなら，
例えば，
これまでの自分は，
```

書き出し文

4　「分けて比べる」事柄

人物の視点　人物の視点を転換することで，より深く考えることができるようにする。本時においては，中心発問で実之助の視点に立って考えを巡らせる。その後，実之助の思いの中で，「了海にとって，一番救いになったのはどれだろうか」と問い返し，視点を了海に転換することで，ねらいに迫ることができるようにする。

指 導 案

(1) ねらい ［高学年　D　美しいものや気高いものに感動する心や人間の力を超えたものに対する畏敬の念をもつこと。］

　気高い行為を受け止めることについて話し合うことを通して，自分の弱さを乗り越えようとすることが生き方として美しいということに気付き，気高さに感動する心情を深める。

(2) 学習過程

	学習活動・学習内容	主な発問と子供の反応	○教師の支援　／　◆評価
導入5分	1　青の洞門が人の手によって開通したことを知る。 ・青の洞門の概要	・人の手で掘り抜いたなんてすごい。 ・21年もかかったのか。	○現在の青の洞門と，了海が掘り始めた挿絵を見比べ，関心を高める。

　　　　　　　青の洞門での出来事から学ぼう。

展開30分	2　実之助の涙のわけについて話し合う。 ・気高い行為とその心への感動 ・心の弱さ	発実之助の涙のわけについて考えよう。 ・18年間休まず岩壁に立ち向かったことに感動したから。 ・了海を切ろうとした自分がみじめだから。	○場面の挿絵とセンテンスカードを提示することで，考えるべき部分がぶれないようにする。 ○グループで考えを伝え合い，より価値の高い考えに気付けるようにする。
	3　実之助の了海に対する思いの中で，了海にとって一番の救いになるものは何か話し合う。 ・自分自身の弱さを乗り越えようとする姿	発了海にとって一番の救いになるものはどれか。 ・了海の償いが実之助に伝わっていること。 ・弱い心を受け入れ，乗り越えようとしている。	◆評価の視点① ○視点を転換させることで，了海の行動とその心の価値により深く迫れるようにする。

終末10分	4　学んだことを書いて，自分自身を振り返る。 ・気高さに感動する心	・みんなのことを思って行動するすばらしさを学んだ。自分の弱い心を乗り越え，強くしたい。	◆評価の視点② ○書き出し文を示しておくことで，学んだことを基に自己を振り返ることができるようにする。

(3) 評価の視点（①多面的・多角的な見方　②自分自身との関わり）

① 状況や相手の心情，行為を踏まえ，人間のもつ気高さについて考えようとしている。
② 人間のもつ気高さについて，自分の考えや経験と照らし合わせて考えようとしている。

板書例

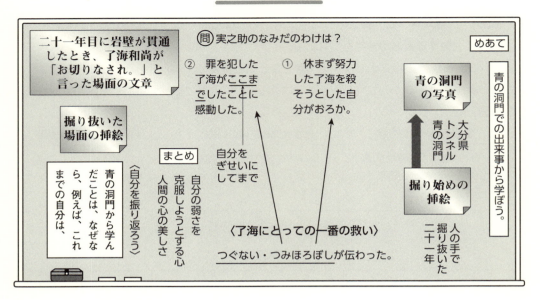

(**POINT** 本授業の中心場面!!)
● グループでの意見交換をきっかけにして，全体で問いに対する考えを深める場面

展開2 実之助のなみだのわけについて話し合う。

発問 実之助のなみだのわけについて考えよう。

・トンネルを掘り終わった喜びが，復讐したいという気持ちを上回ったから。
・やせ衰え，自由に動くこともできないのに，1日も休まず，洞門をつくったことに感動したから。

○グループで互いの意見を紹介させた後，全体でグループで話題になったことや，相違点，なるほどと思った人の意見を交流しながら，了海の行為が実之助に及ぼした変化に目を向けることができるようにした。

◎子供たちは，グループでの意見交換の中で，互いの意見の差異に着目して，尋ね合いをしながら考えを深めていっていた。子供の反応として見られたのは了海の行為の気高さに対する感動が涙の理由であるという子供が多い中で，実之助が了海を敵としか見ていなかった自分自身の愚かさやみじめさが涙の理由であるとした子供がおり，その意見に触れたことで，尋ね合いが活発になった。また，子供たちは「実之助は了海のしたことに感動できたからこそ，自分のみじめさに気付けたのでは」というような，それぞれの意見のつながりにも目を向けていた。

> 21年間休まず努力していた了海を切ろうとした自分がみじめなことに気付いたから涙を流したのだと思う。

> 実之助がみじめってどういうことですか。復讐したい気持ちはあって当然じゃないかな。

評価に生かす「よさを発揮した子供の姿」!!

●評価の視点①（多面的・多角的な見方）

◆気高い行為が人の気持ちを変えること

 （実之助さんの了海さんへの思いの中で）了海さんにとって一番の救いになるものは何かな？　　本気で償おうとしていることが伝わっていることだと思うよ。

◆自分の弱さを乗り越えようとする生き方の美しさ

 了海さんと実之助さんの考えていることで，似ているところはないかな？　　2人とも自分の弱さを認めて，乗り越えようとしているね。

●評価の視点②（自分自身との関わり）　終末～子供の振り返り～

・A児：青の洞門から学んだことは，失敗をおかしても，本気でつぐなおうとする心が大切だということです。了海さんは21年間も，自分のおかした罪を本気でつぐなっていました。今までの私は失敗しても本気でやり直そうと思っていたのかな〈自分自身との関わり〉と感じることがあったので，これからはそれを克服していきたいです。

・B児：青の洞門から学んだことは，「自分が一生懸命努力したことは，きっと誰かの心を動かす」ということです。理由は，自分の一生懸命な姿は，必ず誰かが見てくれていると思う〈多面的・多角的な見方〉からです。了海さんのひたむきな姿に，実之助は心を打たれ，かたき打ちをやめました。了海さんのように，何かに向かってひたむきに努力できる人になりたいです。

グループ活動の活用について

　グループ活動というと，課題に対し何らかの合意形成を図ることを意図して仕組むことが多い。本時においては，中心発問に対する互いの考えを紹介し合い共有するようにした。その際，子供たちに求めたのは，全員が必ず発言すること，自分と考え方が違ったり（わずかな差でもよい），よく分からなかったりする場合には「お尋ね」をすることである。たったこれだけのことだが，子供たちは問いに対する考えを，積極的に交流していた。もしも，グループ活動をせずに全体での意見交流をしていたら，一部の子供の発言で授業が流れていくような形になったかもしれない。高学年での授業の場合，全員が発言するという平等感がある状況を設定しておくことは大切だろう。また，グループでも「お尋ね」を経て，全体での意見交流に入ると，一度グループで話題になったこと（ひっかかりや対立）を全体で活用するようにすることで，全体でより一層考えが共有でき，道徳的価値理解を深め広げていける。

（川上　昌秀）

執筆者紹介

編著者

坂本 哲彦
（さかもと・てつひこ）

> 山口市立上郷小学校校長
> 山口県生まれ。山口大学卒業，山口大学大学院修了。山口県内公立小学校教諭，山口大学教育学部附属山口小学校教諭，山口県教育庁指導主事，山口県内小学校教頭，校長を経て，現職。
> 「小学校学習指導要領（平成29年告示）解説　特別の教科　道徳編」作成協力者，日本授業UD学会理事，教師の"知恵".net事務局。
> 近年の著書に，『道徳授業のユニバーサルデザイン』（東洋館出版社，2014年），『「分けて比べる」道徳科授業』（同，2018年），『小学校新学習指導要領　道徳の授業づくり』（明治図書出版，2018年）他。

執筆者

内田　　眞	山陽小野田市立有帆小学校
岡本　貴裕	山口大学教育学部附属山口小学校
川上　昌秀	下関市立角倉小学校
久保田高嶺	山口大学教育学部附属光小学校
髙塚　正昭	岩国市立灘小学校
廣末　　唯	前　周南市立勝間小学校
藤井　隆之	宇部市立上宇部小学校
藤元　崇彰	山口市立さくら小学校
南　　直樹	周南市立徳山小学校
森重　孝介	山口大学教育学部附属山口小学校

（五十音順）

教科書教材でつくる
道徳科授業のユニバーサルデザイン

2019（平成31）年3月16日　初版第1刷発行

編 著 者　坂本　哲彦
発 行 者　錦織　圭之介
発 行 所　株式会社東洋館出版社
　　　　　〒113-0021
　　　　　東京都文京区本駒込5丁目16番7号
　　　　　（営業部）電話 03-3823-9206　FAX03-3823-9208
　　　　　（編集部）電話 03-3823-9207　FAX03-3823-9209
　　　　　振替　00180-7-96823
　　　　　URL　http://www.toyokan.co.jp

印刷・製本：藤原印刷株式会社
装丁・本文デザイン：中濱　健治

ISBN978-4-491-03662-5
Printed in Japan

JCOPY　＜(社)出版者著作権管理機構　委託出版物＞
本書の無断複写は著作権法上での例外を除き禁じられています。
複写される場合は，そのつど事前に，(社)出版者著作権管理機構（電話：03-5244-5088，
FAX：03-5244-5089, e-mail：info@jcopy.or.jp）の許諾を得てください。